L'homme qui gagne

Robert Herrick

Writat

Cette édition parue en 2024

ISBN : 9789359947532

Publié par
Writat
email : info@writat.com

Contenu

Je ....- 1 -

II ....- 4 -

III ....- 8 -

IV ....- 13 -

V ....- 18 -

VI ....- 23 -

VII ....- 28 -

VIII ....- 32 -

IX ....- 37 -

X ....- 44 -

je

Le Four Corners de Middleton se trouve à un agréable trajet en voiture de la ville universitaire de Camberton . À maintes reprises dans l'histoire de la maison, un groupe de jeunes gens avait emprunté l'ancienne autoroute qui partait de l'endroit où se trouvait autrefois l'arsenal, dans le quartier sacré de Camberton , et tandis que le soleil du soir dorait les bas marais d'eau douce au-delà du printemps. Pond, trottait vers les collines de Middleton. Après le dîner, ou une danse, ou peut-être une simple conversation autour d'un dîner tardif, ils repartirent à minuit en chantant tout en fouettant leurs bourrins endormis et en perturbant d'une autre manière le décorum de la nuit à Middleton. Ou, peut-être, mis en déroute tôt par un matin glacial d'octobre, après avoir allumé les tuyaux et parlé avec le garçon d'écurie, ils se blottiraient dans des pardessus et s'en iraient en tête-à-queue sur les routes dures où le gel nocturne reposait encore sur la poussière incrustée dans les creux. comme une croûte de lait. En traversant les prairies , le soleil d'automne tombait sur leurs visages, un réconfort confortable lors d'une promenade matinale, les excitant en avant vers Camberton afin qu'ils puissent se présenter dans la petite chapelle en stuc pendant que la petite cloche du collège appelait encore durement à la prière.

Les Ellwell avaient conservé l'ancien Four Corners à Middleton longtemps après que la famille ait déménagé dans le monde plus vaste de Boston, et de l'agriculture et du ministère étaient entrés dans les sphères du commerce et de la possession d'argent. À l'époque du vieux Roper Ellwell , les Four Corners avaient été le presbytère de Middleton, et c'est là que le révérend Roper Ellwell avait d'abord agité les eaux calmes de la foi des églises jusqu'à ce que quelque chose comme un réveil primitif se soit répandu dans les paroisses voisines. Sa femme, une femme érudite, avait dirigé une demi-douzaine de jeunes hommes qui préparaient leur grec et leur latin pour Camberton . C'étaient les jours simples et bienveillants des Four Corners.

Puis Roper Ellwell fut appelé par la Deuxième Église, à Boston, pour être leur pasteur. Ce fut le début de la famille Ellwell dans la bonne société de la Nouvelle-Angleterre. L'éloquence du pasteur s'est reflétée dans les livres que l'on trouve aujourd'hui sur les étagères de la bibliothèque de Harvard, l'ex-libris de l'université enregistrant le don de l'auteur ; également dans des reliures de toile noire, admirablement imprimées, allant aux enchères dans quelque bibliothèque privée formée par un paroissien du célèbre divin. Lorsqu'il devint vieux dans le service, la congrégation, désormais riche et à la mode, ajouta à ses ministères la vigueur d'un homme plus jeune. Pourtant, Roper Ellwell , les beaux dimanches, tirait encore un de ses anciens discours du haut de la chaire de son église. Comme ces jours devenaient plus rares, le vieux pasteur partageait son temps entre la maison de son fils sur Beacon Street et les Four Corners.

Mark Ellwell était, comme il se doit, le fils de son père, porteur du levain d'un monde plus récent qui l'a conduit vers les affaires plutôt que vers le ministère. Mais un bon produit de Camberton , et un homme bien connu et apprécié à Boston, où il était marchand, alors que ce terme ne couvrait pas la tenue de magasins ou le jeu. Il a fait une solide fortune dans la laine ; construit une maison juste au-delà de la rue Charles, sur la rue Beacon ; était membre de deux bons clubs et diacre dans l'église de son père.

À cette époque, les Four Corners étaient principalement utilisés pendant les mois d'automne et comme salle de spectacle pour le faible pasteur. Mark Ellwell a construit une résidence d'été à Nahant.

Il y avait un fils qui a grandi : John. Cet Ellwell fut envoyé à Camberton en temps voulu, où il rompit la tradition familiale en menant une vie licencieuse. Il est resté à l'université pendant deux ans, par respect pour sa famille, malgré son ivresse et son oisiveté. Lorsque la guerre éclata – John était alors en troisième année à Camberton – le sang le plus sauvage de l'université trouva son terrain. Le jeune Ellwell a raté sa chance ; pendant que ses camarades s'enrôlaient et quittaient l'université, il s'enfuyait en petite folie, plaidant sa mauvaise santé. Mark Ellwell , honteux et mortifié, aurait poussé son fils dans les rangs, mais la mère a défendu le faible.

Un jour, le jeune Ellwell annonça son mariage avec une fille de Salem qu'il avait rencontrée la semaine précédente. Son père lui a donné une maison ; comme il a choisi de devenir courtier, son père l'a démarré avec son propre crédit. Quelques années plus tard, lorsque la guerre fut terminée et que John Ellwell connut le succès général, fondant une famille et trois jeunes enfants, tout semblait bien. Désormais, les Four Corners étaient rarement visités. Les vérandas sont tombées en panne ; de l'herbe et des roses rustiques poussaient dans les fissures où les planches à clin avaient commencé. Les Ellwell , père et fils, étaient des gens à la mode ; la famille s'était développée.

Au début des années 70, des rumeurs couraient sur la disgrâce du jeune Ellwell au Tremont Club. Il a été détecté en train de tricher en jeu et a quitté le club, dont Mark Ellwell était vice-président. John Ellwell était un homme grand et fleuri, avec les traits fins du bon pasteur de la Nouvelle-Angleterre, un nez légèrement romain et une démarche goutteuse. C'était un courtier florissant, du genre à travailler sur les nerfs, qui n'était jamais sobre après trois heures de l'après-midi, et qui avait commencé à boire à dix heures était incertain après midi. Il connaissait un aspect de la vie des affaires que son père n'avait jamais vu ; il fréquentait des hommes que le raide Mark aurait dédaigné de reconnaître. Mais sa réputation d'intelligence l'a perpétué malgré l'affaire du club jusqu'à...

Un jour, après une frénésie, il s'est lancé sur le plateau en toute liberté. Ce qu'il avait fait, il ne s'en souvenait jamais, mais lorsque le règlement des transactions de la journée fut effectué , il fut ruiné. Le Conseil lui a donné une semaine pour trouver les fonds nécessaires et payer ses dettes. Son père régla l'affaire, ouvrit le Four Corners pour sa famille, vendit sa propre maison sur Beacon Street et, emmenant ses deux filles, qui ne s'étaient jamais mariées, s'embarqua pour l'Europe. Ce fut la fin des Ellwell dans le vieux Boston. Mark Ellwell n'est jamais revenu.

"Le vieil homme en a fini avec moi." C'était le commentaire de John à sa femme. Et Mark Ellwell pourrait bien en finir avec lui ; il ne restait plus grand-chose pour un autre éclaircissement. Il y avait les Quatre Coins, et son siège au Conseil, et puis… la mendicité. Ainsi, au cours de la troisième génération, les Ellwell s'établirent à nouveau à Middleton, aux Four Corners.

II

Les braves gens, les gens aux fortunes joliment conquises et soigneusement transmises, les gens connus, bref les membres de la société qui font de la vie une affaire importante à traiter honorablement dans le respect de leur propre réputation et de l'opinion de leurs voisins, n'avaient rien de plus. à voir avec la famille. Ils ont été effacés du livre bleu de Boston et ne se sont jamais aventurés au-delà des allées ombragées du Common, du côté de Beacon Street. Dans l'autre monde, celui des échanges, dans les bars et restaurants des hôtels du centre-ville, John Ellwell menait encore une vie confortable. Le Conseil l'aimait bien. Ses transactions n'ont plus jamais pris de grandes proportions, mais dans le domaine des petites choses, il a fait des affaires florissantes et a suivi son ancien chemin corrompu et incertain.

La vieille maison de Middleton a été démolie et aménagée pour une famille de gentlemen, avec une salle à manger confortable et des fenêtres à larges baies, du bel acajou de la maison de Beacon Street et une cave opulente. De larges vérandas entourent à nouveau la maison, offrant de délicieux coins couverts de vignes pour discuter et coudre pendant les journées d'été brumeuses et chaudes. La pelouse était bien tondue et arrosée ; l'allée qui traversait le verger jusqu'au carrefour qui a donné son nom au lieu était désherbée et gravillonnée . Une nouvelle écurie fut construite derrière, et équipée de trois chevaux, de quelques petites charrettes élégantes, ainsi que d'une voiture fermée pour les jours de pluie. L'exil est devenu tolérable — pour le bien des enfants.

Mme John Ellwell comptait pour peu. Elle avait épousé dans une romance le beau et beau jeune homme ; la réalité l'avait foudroyée. Elle était devenue une invalide sans volonté et avait fait de l'admiration pour son mari un orgueil et une religion. Elle avait accepté ; elle n'a jamais protesté. Le fils aîné, à force de pression, avait été mis à Camberton juste avant le fracas final et l'exil. Dans le hall du collège était accroché un portrait de son arrière-grand-père dans sa robe noire de prédicateur ; à ce sujet, Roper Ellwell , deuxième, était une faible parodie. Les traits fins avaient été estompés au cours du processus de transmission ; une tendance à la corpulence flasque rendait le jeune homme corpulent, là où le vieux ministre avait été nerveusement fragile. Mais Roper Ellwell , deuxième, comparait rarement ses notes, car il dînait non pas dans la salle sous cette photo, mais dans un club privé avec son propre décor.

Ces jeunes gens se rendaient de temps en temps aux Four Corners, un endroit agréable pour un homme où passer une soirée ou un dimanche quand le temps était beau et les champs verts. Les dîners furent longs et riches ; les vins sont bons ; et si le vieux Ellwell était un hôte quelque peu scandaleux, ne plaisant qu'aux garçons les plus grossiers, il y avait d'autres membres de la famille : les deux filles, Leonora et Ruby.

L'apparence de ces deux filles dans cette famille terrestre était anormale. Leonora, la sœur aînée, était comme un nénuphar dans une mare de limon et de bave, flottant délicatement sur les eaux stagnantes sans aucune tache visible à un seul point de contact. Elle avait les traits d'Ellwell , réguliers, anguleux, saillants ; avec le front haut et les mains finement effilées de son père, ainsi que la peau fine et malsaine de son père. Mais au lieu du teint bronzé livide de l'homme qui avait battu des années de sa vie, la transparence rosée de la femme la comparait encore au nénuphar des étangs de Middleton. Sa sœur Ruby était plus frappante, dans le style fleuri de son frère. Lorsqu'elle était jeune, elle serait assez délicate pour porter ce genre de beauté ; dix ans pourraient apporter une floraison désagréable. Tous deux avaient été de petits invalides à cause de nombreux petits maux, jusqu'à présent la monotonie des Quatre Coins apportait une douce activité et une bonne santé.

Si la mère était sans volonté dans les préoccupations générales de la vie, elle avait fait preuve d'un pouvoir en formant ses filles selon son propre idéal de raffinement. C'était le mode de vie des hommes d'être des brutes, d'une manière curieusement grossière dans le langage, dans les appétits, dans les goûts ; tout cela était un arrangement inexplicable de la Providence. De même , il convenait aux femmes d'être chastes, raffinées et endurantes. Leonora comprenait la triste situation de sa mère, mais elle n'a jamais tenu son père pour responsable. Les hommes ont été créés ainsi, avec une nécessité de méchanceté ; un jour, elle serait appelée à épouser un tel homme, et à souffrir patiemment, sans scandale, une semblable expérience du vice. La tâche de la femme était de garder elle-même, sa maison, ses chambres fraîches et intactes, comme un temple frais caché des chaleurs estivales et du bruit de la banalité.

Cette fille de dix-huit ans connaissait l'histoire de famille aussi bien que sa mère ; ils connaissaient les épisodes honteux, l'état de fortune instable auxquels ils devaient s'attendre. Tranquillement, délicatement, elle avançait son chemin, évitant les « scènes », dissimulant la brutalité, ignorant les propos bestiaux ou les compagnons de dîner désagréables ; s'occuper de ses robes fraîches ou des affaires ménagères ; je décorais maintenant une pièce du vieux Four Corners, ou j'arrosais les lierres qui remplaçaient les bûches noueuses. Mme Ellwell n'avait jamais caché de livres inappropriés à ses filles - cela semblait si désespéré - et elle lisait ce que son père lisait, acceptant comme probablement correcte l'image sinistre de la vie présentée dans les romans abondamment disséminés dans la maison, mais avec indifférence et lassitude. . Dans un crépuscule frais aux Four Corners, lorsque les petites tâches de la journée avaient été accomplies, avant que la voiture n'arrive de la gare avec l'élément masculin inexplicable de la vie, elle pouvait rester assise pendant une demi-heure de réflexion, se demandant pourquoi tout avait été fait ainsi. ; pourquoi la passion était imprudemment endémique dans la vie ; pourquoi le monde craquait dans son action, gémissant sur les folies si épaisses répandues dans son cours. Dans l'audace des rêves, provoqués par les longues ombres et le calme profond, d'autres formes, d'étranges possibilités, pourraient clignoter dans son esprit ; mais c'était une femme ! Et bientôt il fut temps de s'habiller pour le long dîner.

Il y avait des soirs où la voiture revenait vide, un simple télégramme tout au plus pour justifier l'absence du courtier ; et ces nuits, tristes pour l'épouse négligée, furent un soulagement pour la fille. La douce journée monotone pouvait continuer (la journée à la campagne qu'elle aimait secrètement quand il n'y avait que des femmes à la maison) jusqu'à la nuit de repos, le monde hurlant banni. Il y avait d'autres soirs où Ellwell arrivait seul, morose, mordant sa moustache gris fer avec un dégoût maussade et un ennui face à un échec, peut-être par mécontentement et par peur. Leonora l'accueillit sur la véranda avec un baiser et une salutation pétillante et intelligente qui entraîna un sourire. Le dîner était alors un lieu agréable pour discuter, la fille aînée prenant la tête et la tenant jusqu'à ce qu'elle ait réveillé les autres. Et il y avait d'autres soirs où l'intermédiaire emmenait avec lui des amis, tous ceux qu'il rencontrait, où il était excité et bruyant, et où la fille avait peur de la fin. Si la conversation devenait trop bruyante, les femmes hâtaient les cours et se retiraient ensuite sur un côté de la véranda pour s'asseoir tristement seules. Si un homme plus calme, ou quelque jeune homme de Camberton , s'éloignait de la salle à manger et les rejoignait, ils parleraient gaiement, simulant l'aisance et le naturel.

Malgré toute cette tolérance, Mme Ellwell avait la réputation, auprès du courtier et de ses compagnons, d'être « une bonne femme » et une « bonne épouse ». Et Ellwell considérait qu'il avait racheté sa note de bienséance en se mariant et en ayant des enfants, qui deviennent un obstacle lorsqu'un homme est dans une situation difficile. Les domestiques bavardaient, étaient parfois insolents, mais dans une telle maison il y avait beaucoup de cueillette. Les habitants de Middleton, passant la nuit au milieu du bruit lorsque le Four Corners était éclairé de manière criarde, répétaient l'histoire de famille et se souvenaient du vieux Roper Ellwell , qui gisait dans un monticule vert près de sa première église. Mais le courtier, le « magnat du village », comme l'appelaient ses filles, était généreux et libre d'esprit dans la paroisse. Sa réputation était de « bon foie », mais de « bon garçon » ; c'était donc considéré comme une bonne chose pour Middleton que les Ellwell soient revenus aux Four Corners.

De la sereine maison frugale de Roper Ellwell où l'épouse avait équipé des garçons « dans les langues classiques » pour Camberton , la famille était arrivée à cet état incertain, fébrile, comme les fluctuations inconstantes du marché boursier ; maintenant prodigue et facile, de nouveau dans une détresse panique avec une peur terrible des profondeurs inconnues de la pauvreté et de l'humiliation. Quoi qu'il arrive — imprudent, avec une philosophie qui n'embrasse pas le lendemain.

III

"Le set du deuxième Roper a dîné chez Tony Lamb's à Camberton ". Ils appartenaient pour la plupart au même club, l'A. Ω., et étaient des âmes sympathiques, des jeunes hommes riches, venus des grandes villes, qui prenaient le diplôme de Camberton comme brevet dans la profession sociale. En hiver, on les trouvait dans les hôtels de New York et de Boston ; en été dans les hôtels de Bar Harbor.

Quelques hommes de caractère différent étaient les restes d'une génération précédente d'A. de l'inertie et du faible goût de la camaraderie universitaire, longtemps après que son chemin se soit séparé de celui des A. Ω. Thornton était entré à Camberton avec toute la distinction que donneraient une famille du Massachusetts bien connectée, des circonstances aisées et une érudition distincte. Son parcours avait été un doux courant de prospérité. Il a d'abord obtenu un diplôme universitaire, puis un bon diplôme en médecine. Il s'occupait désormais de faire avancer certains travaux biologiques sur lesquels il avait déjà publié une monographie et qui lui avaient valu d'être membre de certaines sociétés savantes.

Un jour, au début de longues vacances, Roper Ellwell et lui se retrouvèrent seuls à dîner. Le jeune Ellwell s'ennuyait à l'idée de se retrouver seul en compagnie pour un voyage solitaire vers la campagne.

"Je dis, Thornton," lança-t-il au hasard, "viens chez nous pendant la nuit. Le chariot sera là dans quelques minutes."

Thornton, flasque après les journées chaudes passées au laboratoire, accueillait favorablement toute excuse présentée pour un pain. Alors ils coururent dans la douce soirée, passant des haies vertes coupées et des bâtiments en briques rouges de Camberton jusqu'à l'autoroute à péage de campagne, fumant et gardant un silence paisible. Après avoir parlé de l'athlétisme et des charrettes, il n'y avait plus grand-chose pour entamer une nouvelle conversation. Camberton s'est échappé, avec ses problèmes sans fin, ses incitations ambitieuses. Jarvis Thornton est entré dans une autre atmosphère lorsque le chariot a écrasé le gravier de l'allée des Four Corners. Les Ellwell étaient sur la véranda. "Qui sont les Ellwell ?" » se demanda Thornton en trouvant une chaise à côté de la robe blanche de la fille. "Et pourquoi me suis-je lancé dans une fête de famille pendant un jour et deux nuits sans savoir à quoi m'attendre ?"

Il a découvert un ordre de choses qu'il n'avait jamais vu auparavant en parcourant sa propre liste de visiteurs : le monde des courtiers. Ellwell avait les capacités d'un gentleman, et en comparaison des trois ou quatre compagnons qu'il avait avec lui ce dimanche, ses manières étaient distinguées.

C'était un homme de Camberton , il voulait le faire comprendre à Jarvis Thornton, un camarade de classe du père de Thornton, et si leurs chemins s'étaient séparés, Ellwell avait néanmoins une position égale à celle des Thornton. Quant aux autres, il s'agissait de commis qui, d'une manière ou d'une autre, avaient réussi à obtenir leur siège, des hommes sans grand intérêt permanent dans la communauté, substitut moderne de la classe des condottieres. Les Four Corners leur offraient un endroit pour manger, boire et jouer une longue partie de poker, dont les divertissements satisfaisaient leurs envies de diversion. Jarvis Thornton n'était qu'un jeune idiot qui s'était dirigé vers eux par inadvertance ; le jeune Roper Ellwell a rejoint le match de dimanche, tandis que Thornton s'est retrouvé avec les femmes pour passer la journée. Le dimanche s'est déroulé tranquillement avec un long trajet en voiture dans l'après-midi. Au dîner, Thornton était assis à côté de la fille aînée. Il y eut des moments de silence, car la conversation générale et la table l'intéressaient plus que son compagnon. Les autres hommes parlaient d'affaires ou de scandale ; Le vieux Ellwell racontait des histoires vastes et stupides, auxquelles le jeune Ellwell répondait par de gros rires. Ruby a plaisanté avec un vieux jeune homme nommé Bradley, un courtier, qui avait gagné le match de la journée. Alors qu'ils approchaient de la fin du long dîner, Mme Ellwell s'excusa. Thornton scruta son compagnon. Les fumées des lieux semblaient circuler autour d'elle inaperçues.

"Est-ce qu'elle comprend?" se demanda Thornton. "Cette abstraction est-elle un simple bluff parce que je suis un étranger ? Ou est-ce qu'elle s'ennuie seulement ?"

Lorsqu'elle remarqua que Thornton ne mangeait ni ne buvait, elle l'interrogea des yeux en silence.

« Allons-nous partir ? »

Il acquiesca. Elle se leva et ouvrit la longue fenêtre et s'évanouit, comme si elle avait l'habitude d'éviter les flaques d'eau de la vie. Elle nous ouvrit la voie jusqu'à l'extrémité de la véranda, où seule une voix aiguë pouvait être entendue de temps en temps. Lorsqu'elle fut installée dans un salon, elle soupira sans conséquence.

"Mais peut-être ne vouliez-vous pas venir ? Vous pouvez revenir en arrière. Nous marchons toujours beaucoup, vous savez, et personne ne le remarquera. Vous aurez besoin de votre café et de votre cigare ; et le colonel Sparks vous raconte de petites histoires amusantes et méchantes. Je le ferai. mais reste ici. »

"Et je pense que je le ferai", ajouta simplement le jeune homme. "Il fait très chaud."

Elle ouvrit ses paupières, qui pendaient habituellement un peu vers le bas, comme si elles étaient lourdes.

"Ça t'a fatigué aussi, n'est-ce pas ? D'une manière ou d'une autre, je ne me suis jamais senti aussi fatigué que ce soir."

"Est-ce toujours ainsi?" » demanda-t-il sans détour.

"Pourquoi, bien sûr ; pourquoi pas ? Il y a des gens différents. Mais le dîner est toujours l'affaire principale de la journée dans notre maison ; vous voyez que les hommes sont alors libres et leurs soucis sont terminés. Mon père est très exigeant en matière de dîner, mais c'est parfois fatiguant.

La conversation a été interrompue. Cette ligne était dangereuse.

« Dis-moi » , répéta-t-elle avec une curiosité curieuse ; "Vous ne faites pas partie du groupe de Roper ?"

"Non, il est mon cadet de quelques années."

"Mais cela ne fait aucune différence. Vous n'avez jamais appartenu au groupe de Roper. N'est-ce pas très ennuyeux d'être une corvée ? Roper dit que vous êtes un fou et terriblement intelligent."

"Il faut jouer pour quelque chose." Il écarta le compliment.

"Mais comment fais-tu ? Dis-moi exactement ce que tu fais chaque jour."

Thornton était prêt à la prendre au sérieux. Il a esquissé ses travaux monotones, les récompenses de son mode de vie. "Et ce n'est pas si stupide", conclut-il en riant, "de jouer ainsi le jeu une fois qu'on l'a commencé." Il ajouta négligemment, comme pour lui-même : « Le corps ne vous donnera que peu de sensations, si peu nombreuses et si humiliantes et insuffisantes.

" Donc *nous* vivons pour le corps", dit brusquement la jeune fille, plongeant dans ce qu'il voulait dire.

"Comment puis-je savoir?" Répondit Thornton, irrité par sa remarque stupide.

" Non , tu le pensais, tu le pensais, et je suppose que c'est le cas. Mais on sent le corps si constamment. La névralgie me déchire, et la fatigue. Certains jours, on ferait n'importe quoi pour satisfaire les envies de ce même corps, semblez-vous penser." nous ne devrions pas nous faire chouchouter."

"Si vous cédez, vous devrez en faire davantage une autre fois", ajouta-t-il un peu solennellement.

"Comme vous devez nous mépriser !" Ses yeux brillèrent soudainement. "Vous vivez calmement, tranquillement, en attendant quelque chose à la fin, sans jamais oublier d'avoir un équilibre."

"C'est absurde, je suis parfois bleu et la vie est docile."

"Et nous trébuchons avec nos sens, rendant notre terre confuse."

"Voici déjà la voiture !" Ce fut un soulagement de trouver une excuse pour s'éloigner.

"Tu ne reviendras plus, j'imagine ?" » demanda-t-elle simplement. Il y a une heure , il aurait répondu oui, c'est-à-dire jamais dans son cœur. Maintenant, la femme non résolue d'en face l'incitait à dire : « Si tu veux me revoir, si tu me permets ?

« Descendez un jour, un jour de semaine, quand c'est si calme. Nous pourrons discuter davantage, et je vous promets que cela vous fera du bien de vous mêler au troupeau de temps en temps.

Elle rit légèrement.

"Le sang s'est écoulé", pensa Thornton, tandis que la charrette roulait dans la douce nuit. " Cet homme-ci est une masse flasque. Elle souffre de névralgie et de longues périodes d'apathie, et d'autres maladies. Ses enfants risquent de les perdre, si jamais elle en a. Elle a conservé la charpente de la splendide vieille souche, mais dans sa maison le les nerfs et les tissus sont morbides et elle attend," il fit une pause, puis les mots vinrent, "en attendant la dissolution et un repos sans fin."

"Tu as un autre cigare ?" Son compagnon interrompit sa réflexion.

"Le vieil homme en garde beaucoup. Ouf, comme il joue ! J'ai quitté le petit jeu ; la famille ne pouvait pas en supporter deux. Le vieil homme sera sauvage cette semaine. Il ne peut pas jouer contre ce Bradley. Bradley est un connard régulier. J'ai donné un signe au père à ce sujet il y a longtemps, et j'ai été bien maudit pour mes douleurs. Quand le vieil homme se met à pleurer, rien ne peut l'arrêter; pas de relâche jusqu'à ce qu'il se cogne la tête contre quelque chose de dur. Eh bien " Il a lancé le cheval dans un léger galop, " il ne peut pas donner un coup de pied à mon lot de billets. Quand il monte sur un grand cheval, je sais comment le soigner. Il rit. Jarvis Thornton tourna un regard curieux vers son compagnon. Juste ce genre d'intimité dans des familles qu'il n'avait jamais connue – une neutralité armée de méchanceté. Il avait hâte de continuer, de rejoindre ses appartements de Camberton , où la solitude du dimanche était la paix après cette atmosphère cochonne. Une fois de retour dans son fauteuil, dans la confusion familière des livres, des papiers et des lettres qui traînaient partout, il se demanda à nouveau quel curieux phénomène l'avait poussé à accepter l'invitation de Roper Ellwell . Les Quatre Coins disparurent de son imagination dans un flou trouble, avec un point central de lumière blanche constitué par une fine robe d'été, une silhouette de jeune fille, un visage venu au monde fatigué – dévitalisé.

Le lendemain matin, il se replongea dans le stress du travail avec son élan et son intensité d'antan, comme s'il devait, d'un seul coup, se diriger vers la fin de son travail. Il prenait ses repas précipités dans un petit restaurant près du laboratoire et rentrait dans sa chambre tard dans la nuit, inépuisé, nerveux et impatient de recommencer.

IV

Dix jours se sont écoulés. Un matin, il se réveilla tard, apathique et mal préparé à la bagarre habituelle. Le soleil de juin entrait à flots dans ses appartements, les vieilles portières tremblaient doucement sous la douce brise. Au dehors, le monde était inondé de soleil. L'herbe verte nouvelle, les buissons touffus le long des sentiers, le bleu chaud du ciel semblaient se moquer de ses mesquines ardeurs, de ses stupides projets enfantins de faire des pas prodigieux. La vie ne s'est pas déroulée de cette façon. On faisait un petit, un tout petit pas, puis venait la lassitude ; plus tard, il faudra recommencer le même terrain. Il n'y a pas eu de grands progrès dans la nature. Tout a été accompli par un changement subtil. Il s'habilla tranquillement et chercha un petit-déjeuner confortable. Il y avait quelque chose de plus fort que le travail dans le monde, surtout aujourd'hui. Il avait envie de rencontrer la lumière du soleil et la bénédiction terrestre ; c'était si peu de chose de se pavaner au laboratoire. À moitié inconsciemment, il se dirigea vers l'écurie où il gardait son canasson. Et puis, un quart d'heure plus tard, il se retrouvait sur l'autoroute, trottant le long des prairies d'eau douce, reniflant l'air et les ruisseaux parfumés. Il s'est moqué de lui-même. Son cheval plongea, affolé par son long repos à l'écurie. Soudain, il éperonna et chevaucha furieusement sur les routes de campagne, comme s'il était fou d'arriver à un certain but. Un peu plus tard, il remontait au petit galop l' allée gravillonnée des Four Corners, son cheval mouillé et tremblant, et lui avec une envie inexpliquée, un désir qui avait trouvé une expression rapide et brutale.

"Tu as mis beaucoup de temps à y réfléchir", elle le regardait avec reproche, fraîche et fraîche, avec une gaieté matinale en elle, un calme physique qu'il n'avait jamais ressenti auparavant. Le cheval frissonna et passa la tête pour la regarder.

Il se jeta à bas du cheval et lui prit les mains ; elle lui en tendit deux comme si une poignée de main était inexpressive.

"Mais c'est magnifique maintenant que vous êtes venus ! Nous avons une journée entière, longue et tranquille !" Ses tons étaient calmes et lents, pleins de paix et de chaleur estivales. Il se sentit tout de suite content de lui-même. "Viens," continua-t-elle en souriant. "Je vais te préparer une boisson fraîche. Maman est partie en ville et Ruby est quelque part dans la charrette à poney." Lorsqu'elle l'eut laissé sur la véranda , il se moqua de ses fantaisies prudes qui le tourmentaient quinze jours auparavant. Ce matin de juin , elle avait exactement ce qu'il fallait d'animation et de santé. Tout allait bien pour elle et en paix.

Ils eurent des conversations très douces et décousues. Elle le fit visiter les lieux, lui montra le vieux verger où avaient joué les élèves de son arrière-grand-mère dont une extrémité était maintenant transformée en court de tennis, et l'écurie avec ses traces de l'ancienne grange où le révérend Roper Ellwell avait gardé son cheval et sa vache. Puis il y avait les petits cochons et les poules, les différents jardins qui lui étaient chers, où elle caressait et caressait les plantes comme si elles avaient été vivantes. Elle l'emmena dans sa propre tanière, une petite pièce où les sermons de son grand-père avaient été écrits et où était accrochée une copie de ce portrait à l'huile que Thornton avait vu dans le Camberton Hall.

"Je ne suis pas comme lui ?" demanda-t-elle soudain en se plaçant dans la même lumière que le portrait.

"Oui", répondit Thornton, "avec une différence".

"Qu'est-ce que c'est?" elle le pressa anxieusement.

"Je ne sais pas, ce qui est arrivé au fil des trois générations," répondit-il lentement.

"Dites-moi honnêtement", a-t-elle insisté, avec tout l'égoïsme de la jeunesse suscité par un verdict personnel.

"Devrais-je?" dit-il sérieusement. Elle devint grave, mais hocha la tête. Thornton regarda la couleur disparaître et une trace d'impuissance traverser son visage.

"Le vieil homme," il regardait continuellement du portrait vers la femme devant lui, "malgré son costume de planche rigide et la façon dont il était peint, était un grand morceau de feu. Il brûlait durement en lui, brûlait la chair et passions communes ; ce devait être un homme inquiet et fervent. Vous êtes plus calme, termina-t-il bêtement.

"Oui, tu veux dire que son feu s'est éteint ; que je suis faible comme l'eau, alors qu'il était fort."

"Non, pas exactement," protesta Thornton.

"Oui, tu l'as fait", répéta-t-elle tristement. "Et c'est aussi le cas. Je suis généralement très fatigué. Il n'y a que des heures comme celles-ci, où quelque chose afflue et j'oublie des choses et je suis heureux. Mais ça s'efface, ça s'efface."

Ils restèrent silencieux devant le portrait. Soudain, elle se souvint d'elle-même.

"Le déjeuner doit être prêt."

Ruby est venue déjeuner et a fait une conversation amusante. Elle était allée au village et était pleine de fermiers.

"Je devrais penser qu'ils deviendraient fous", termina-t-elle avec mépris. "Pourquoi doivent-ils vivre ? Je ne m'étonne pas que les filles aillent dans les moulins et fassent n'importe quoi plutôt que de rester assises dans ce petit trou."

Plus tard, ils partirent vers les champs alors que le soleil de l'après-midi se couchait tranquillement derrière la frange de pins qui bordait l'horizon. L'atmosphère de la journée avait changé et ressemblait au calme tranquille d'une vie parfaite. Les petites aspirations du matin, les fascinations de la nature, avaient laissé place à un contenu plein de chaleur. Miss Ellwell prit un chemin forestier sinueux qui traversait d'abord la prairie, puis les aiguilles de pin jusqu'à un petit étang. Tandis qu'ils déambulaient le long de Thornton, il regardait son compagnon aspirer l'air saturé de l'après-midi d'été, comme s'il en vivait consciemment. Elle lui semblait détachée, comme une plante qui tirait le meilleur de sa puissance de l'homme, dans les champs et les bois, une sorte de parasite.

"Tu aimes ça?" » dit-il négligemment.

"J'adore ! J'y vis. Je sors ici, je m'assois sous les arbres et je ferme les yeux. Puis l'odeur de la terre semble pénétrer en moi et me transformer. Pensez-vous que grand-père Roper ait jamais eu de tels désirs, de tels joies grossières dans la nature ?

"Non, ses ancêtres avaient vécu cela pour lui. Il l'avait emmagasiné en lui et il le donnait dans une passion morale."

"Et… ils ont continué à le distribuer avec passion…"

Elle leva ses lourdes paupières d'un air interrogateur et rêveur.

" Il faut donc me replanter, car je suis épuisé. Ah ! eh bien, c'est une mère gentille, c'est une vieille nature, et j'aime m'allonger dans ses bras. "

Un petit ruisseau coulait lentement au milieu de grosses touffes d'herbes des prés. Les violettes tardives et les roses des marais dégageaient de fortes odeurs, mêlées à une forte odeur terreuse. Ils semblaient être au milieu du ménage de la nature et marchaient légèrement comme des invités inopinés. Ils se dirigèrent vers une parcelle dégagée dans les bois et s'assirent, s'enfonçant dans la mousse de bois sèche et chauffée. Thornton n'avait aucune envie de parler ; elle, qui l'avait écouté l'autre fois, le prit désormais en charge.

"Vous êtes si loin, ici, dans la chaleur et la terre; si loin du monde. On se fatigue toujours à vouloir rattraper son retard, et on est toujours fatigué."

Pendant qu'elle parlait, il sentait ses membres s'alourdir en obéissance à ses paroles. Son esprit devint tranquille comme sous l'influence d'un narcotique ; ce qu'il faisait là-bas à Camberton semblait si peu de chose , et si loin de la forte impulsion qui battait sous son corps au plus profond de la terre.

"Pourquoi les hommes sont-ils si stupides", murmura-t-elle. "Nous voulons vraiment peu de choses : le calme, le repos, la paix, des corps tranquilles et cette grande terre qui scintille et change pour toujours." Ses yeux suivirent son visage. Sa peau était si transparente que chaque mot semblait former un point de couleur clignotante ; sa poitrine bougeait doucement au rythme de ses paroles, et ses yeux aux lourdes paupières tombantes lui souriaient en conspiration avec la bouche.

"Mais ce n'est pas toute l'histoire : reposez-vous !" ses mots sonnaient creux, comme une leçon qu'il avait apprise par cœur et que les convenances l'avaient obligé à répéter.

"Non!" sa voix était encore plus basse que jamais ; "puis vient l'amour, et avec l'amour coulera la passion et l'énergie de la vie !"

Les mots ont ému son corps. Ce qu'elle disait lui semblait pour le moment intensément vrai. Une fois de plus, la bienséance protesta.

"Et les autres choses : le succès, la réputation et le bien dont le monde a besoin."

Elle bougea négligemment ses mains.

"Tu n'en aurais pas besoin." Il y avait là un grand *mépris* . Ils restèrent tranquillement allongés pendant plusieurs minutes tandis que la terre murmurait. Elle l'avait attiré passivement dans son filet. Comme une croissance parasitaire, elle lui prenait sa force. Mais c'était une nouvelle facette de lui que cette soumission, et ainsi, en quelques instants, il se souvint de ce moi dur et anguleux qui passait la semaine dans ses vêtements. Il s'est levé d'un bond.

"Je dois rentrer."

Elle le suivit sans protester. Elle semblait nager à côté de lui, heureuse dans des pensées élémentaires et très simples, une légère couleur rougissant sur son visage.

"Nous avons été si heureux. La journée a été si longue et bien remplie. Reviendrez-vous un jour ?" Ils se tenaient dans l'ombre sur la pelouse. Il avait envie de dire *non* , mais alors qu'il lui prenait la main, la voiture d'Ellwell remontait la route de campagne. Après y avoir jeté un coup d'œil, elle pâlit. Ellwell descendit de la voiture en chancelant, son grand et beau visage rougi et déformé. Il était à moitié ivre et en grande colère. Saisissant le fouet du carrosse d'une main et prenant la bride du cheval de l'autre, il fouetta la bête tremblante pendant quelques secondes. Mme Ellwell s'est glissée hors du siège arrière et a couru à moitié dans la maison. Bradley descendit lentement de la voiture, avec un ricanement sur le visage, et fit un signe de tête à Thornton. Il sourit, comme pour dire : « Très déchiqueté, vieux fou.

"Allez, voilà Pete avec ton cheval !" Murmura Miss Ellwell . Il était sur le point de mettre le pied à l'étrier et de quitter cette scène inconfortable, lorsque le vieux Ellwell se tourna vers lui.

"Ne me laissez pas vous effrayer, jeune homme", dit-il avec sa courtoisie réglementaire, l'air du vieil Ellwell . Thornton lui serra la main, remarquant ses yeux injectés de sang, les plis gonflés sous les paupières, le gonflement général d'un animal humain mal régulé. "Tu y vas avant le dîner ?" » continua Ellwell . Thornton murmura quelque chose à propos de ses devoirs et de ses engagements. Ellwell s'inclina et souleva son chapeau. Miss Ellwell s'avança comme pour lui dire au revoir, puis s'arrêta. Son visage était triste. Le cheval de Thornton pivota avec impatience. Il saisit la selle et, un instant plus tard, il était sur la route, dans les champs et les bois qui se respectaient, où tous avaient la paix sanctifiée d'une nuit étoilée.

"Elle n'aimait pas me le redemander, la pauvre fille", murmura-t-il.

V

La question de savoir si Jarvis Thornton aurait cédé de nouveau de son propre chef à l'impulsion de voyager dans le quartier des Quatre Coins restait en suspens. Il avait sous la main quelques expériences qu'il entreprenait pour un article qu'il devait remettre à la fin du mois. Sa journée de dissipation semblait le pousser à reprendre le chemin habituel, et ce n'est que dans les quelques instants de paresse de la fin de la journée que son esprit se souvenait des prairies tranquilles cuites au soleil de juin et de la femme qui avait tenté le plonger dans un monde dangereux. Un soir, alors qu'il spéculait luxueusement en ce jour d'impulsion, Roper Ellwell frappa à sa porte et entra.

Ellwell n'y était jamais allé auparavant. Jarvis Thornton l'avait vu de temps en temps à l'A. Ω. ; mais un groupe rapide, la foule de Roper- Ellwell , ayant transformé le club en un établissement de boissons et de poker, il avait cessé d'y aller fréquemment. Ellwell était considérablement battu, remarqua Thornton, alors qu'il l'invitait froidement à s'asseoir et à se servir d'un cigare. Il était venu se dépanner, et il y avait une histoire assez sale à raconter. Il avait été renvoyé de Camberton pour insuffisance générale ; mais c'était le moindre de ses ennuis.

"Je pourrais aller voir le vieil homme et lui dire que," expliqua-t-il, "son propre bilan à Camberton n'était pas très bon, et il a une rancune contre l'ancien endroit. Je suis ici pour beaucoup d'argent, qu'il devra supporter. Mais... "

Thornton le regarda sans sympathie, sans commenter son histoire. Pourquoi devrait-il être troublé par les excès d'Ellwell à la quatrième génération ? Il ne parvenait pas encore à voir l'intérêt de toutes ces confidences.

"Votre rupture est assez complète", dit-il enfin froidement. "Beaucoup descendent ici, font une erreur et aboient leurs tibias, mais vous avez mis deux ans à vous débrouiller tout seul."

Roper Ellwell baissa la tête.

" Ainsi le doyen a dit ; et il y a autre chose. " Jarvis Thornton cessa de fumer alors qu'il continuait. "Je suis marié; le vieil homme ne supportera jamais cela, et cela brisera terriblement le père et mes sœurs." En bref, il était venu à Thornton, avec la confiance qu'inspire la connaissance d'un homme plus âgé, pour le supplier d'annoncer la nouvelle à son peuple. Les imbéciles gravitent autour des forts.

"Pourquoi n'y vas-tu pas toi-même ?" » s'enquit Thornton, las de cette stupide affaire. Mais un simple coup d'œil à la silhouette penchée, décousue et misérable devant lui répondit à sa question. Il resta assis quelques minutes à débattre de ce point avec lui-même. Il pouvait invoquer une excuse conventionnelle et jouer l'homme du monde qui ne se mêlait pas à des personnes désagréables. Mais son imagination lui présentait le tableau des deux femmes tristes ; leur dernier espoir anéanti par cette suppression du fléau familial. Peut-être pourrait-il leur présenter la situation sous un meilleur jour que Roper ou son père. Il revit le visage de la jeune fille debout sur la pelouse, dans le crépuscule de l'été, un visage qui devait être constamment triste.

"Eh bien," dit-il, "est-elle une mauvaise personne, la femme que vous avez incitée à partager votre avenir ?"

Le jeune Ellwell était trop malheureux pour s'en prendre à cette brutalité.

"Non, elle n'est pas leur genre ; c'est une Suédoise ; elle est infirmière dans un hôpital."

"Tu as été forcé de l'épouser ?" » demanda l'homme plus âgé.

Ellwell acquiesça.

"Et maintenant, elle rend la situation inconfortable pour toi."

"J'essaie de trouver quelque chose à faire", proteste le jeune homme. "Alors je ne les dérangerai pas ; mais si je descends là-bas, le vieil homme me jettera hors de la maison."

En bref, Jarvis Thornton se leva tôt le lendemain matin et, avant que le soleil n'ait réchauffé la route, il se dirigeait vers les Four Corners. Après tout, il ne pouvait pas faire grand-chose dans sa pitoyable mission ; du moins, pour la mère. Une insulte de plus à accepter, à supporter dans une stupide passivité. Mais pour la fille qui devait vivre, ce serait une autre question ; et au moment où il arriva à Middleton, il n'avait pas encore décidé comment l'histoire allait être racontée.

Il faisait chaud lorsqu'il promenait son cheval sur l' allée de gravier des Four Corners. Mme Ellwell et sa fille aînée étaient assises sur la place en train de coudre. Pete lavait des voitures ; les chiens dormaient dans l'herbe. L'endroit était calme et paisible. Les femmes le reçurent cordialement ; une couleur vive s'étalait sur le visage de la jeune fille avec un sourire content qui semblait lui parler intimement. Il se lança rapidement dans ses affaires, leur présentant l'affaire avec sympathie. Ils écoutèrent sans un mot, le visage de la jeune fille tremblant et se contractant légèrement. Ruby les avait rejoints et Thornton interrompit son histoire, mais Mme Ellwell lui fit signe de continuer. Pendant qu'il parlait, il cherchait un peu de lumière pour éclairer la situation à la fin. "Il veut partir, et ce serait peut-être mieux si nous trouvions quelque chose pour lui. J'ai un oncle au Minnesota qui est sur un chemin de fer. Il trouverait peut-être un petit endroit où le transplanter." Il a arreté.

"Vous avez un oncle au Minnesota", répéta machinalement Mme Ellwell , ses yeux secs le fixant sans idée. "Tu es très, très gentil." Elle se leva et entra dans la maison.

« Imbécile », marmonna Ruby ; son visage sombre s'enflamma de colère. Thornton remarqua à quel point elle ressemblait à son beau père. Elle avait plus de feu en elle que Roper en seconde. "Je suppose qu'il n'avait pas assez de courage pour rentrer à la maison avec sa propre histoire. Père sera plutôt fou. Pourquoi a-t-il *épousé* cette femme !"

"Eh bien," répondit calmement Thornton. "Peut-être pouvons-nous tirer parti de cela, du fait qu'il l' *a* épousée. Cela me semble la partie la plus prometteuse."

La jeune fille lui jeta un regard méprisant et entra brusquement dans la maison à la suite de sa mère. Miss Ellwell n'avait pas prononcé un mot ; son visage était penché sur son travail ; et il remarqua quelques taches suspectes sur le tissu de lin sombre qu'elle ourlait. Il tourna son visage vers la pelouse ensoleillée et les arbres sombres et feuillus qui s'étendaient au-delà de la route. Une volée de moineaux ramait d'une voix aiguë parmi les feuilles. Le chien de la maison se releva paresseusement et se dirigea vers Thornton, plaçant une muselière mouillée sur son pantalon. L'endroit était si paisible, quel nid de vieux puritain ! Et voici les démons contre lesquels le divin avait lutté et qui tenaient sa maison comme arsenal. Lorsqu'il se permit de tourner son visage vers la jeune fille à ses côtés, elle était grave, pâle et en quelque sorte épuisée. Toute la lassitude de la lutte entre la chair et la volonté s'installait dans ses yeux tristes et aux paupières lourdes.

"Vous devez être une femme courageuse et l'aider", a déclaré Thornton, ressentant le caractère conventionnel et stupide de toute remarque. "Il ne faut pas le chasser d'ici comme un chien, mais lui faire sentir qu'il peut se bâtir un avenir décent." Elle acquiesça. "Ce n'est pas l'argent", dit-elle enfin. " Mais je ne vois pas d'où cela viendra. Ni le mariage, mais la honte perpétuelle. Cela va en augmentant. Nous sommes tous méchants, épuisés ; ce cher vieux grand-père était le dernier bon. C'est ce qu'on appelle un "Une malédiction, une désintégration. Pourquoi lutter ? Si nous pouvions tous nous endormir et nous endormir ? Il n'y a rien à venir, rien à venir !"

"C'est de la folie", a expliqué Thornton. "Nous avons tous été esclaves de cette malédiction de l'hérédité. On nous en a parlé, on nous l'a écrit et on nous l'a prouvé, jusqu'à ce qu'elle fasse de nous des lâches !"

Elle le regarda tristement.

"'Les péchés des pères jusqu'à la troisième et la quatrième génération'", répéta-t-elle.

"Condamner!" Il se leva avec enthousiasme. "C'est la doctrine la plus horrible de la Bible, et nous l'avons cru comme des moutons jusqu'à ce que nous la concrétisions vraiment. Quand un homme faible veut aller au tonnerre, il pense à un oncle qui était ivrogne, ou à un père qui était un voleur, et il va et fait de même. Naturellement ! Et maintenant la science arrive et dit que ce n'est pas le cas, ou en tout cas il y a un fort doute à ce sujet. Dans quelques années, nous pourrons prouver que ce n'est pas le cas et libérer l'humanité de cette malédiction superstitieuse. »

La jeune fille ne le comprenait qu'à moitié. "Eh bien, je pense que ce vieux grand-père Roper devait être un homme très passionné, qui s'est battu contre lui-même et a vaincu."

"Oui", a admis Thornton, "il y avait beaucoup de vices refoulés parmi les saints puritains. Cela s'est répandu depuis, mais cela ne fait aucune différence", a-t-il poursuivi avec véhémence pour expliquer ses théories. D'une manière ou d'une autre, maintenant que son cœur était touché, il mettait passion et conviction dans ce que sa raison sobre considérait comme de la spéculation. Il lui expliqua les dernières théories allemandes. Il s'était révélé diplomate pour une cause déplaisante ; il est devenu un plaideur plein de conviction. Son imagination s'est réveillée en flammes et il a revu, avec vitalité, tous les vieux problèmes qu'il avait traités froidement dans le laboratoire. La femme restait assise bêtement, absorbant ses déclarations et ses arguments. Puis, alors qu'ils attendaient dans l'herbe que Pete vienne lui parler, elle dit :

"Nous sommes libres, pensez-vous." Son esprit travaillait avec ses mots.

"Dans une large mesure, nous pouvons repartir à zéro : les dés ne sont pas jetés d'avance." » ajouta-t-il avec moins de chaleur.

"Mais nous copions ce qui nous concerne. Si nous ne pouvons pas échapper à ce que vous appelez le courant idéal dans lequel nous sommes nés, quelle différence cela fait-il ? Cela revient au même !"

Elle, la femme, l'a supplié, l'homme, de la libérer, de l'emmener. Il répondit tendrement :

"Nous le pouvons ; chacun peut vivre sa propre vie en étranger à ses camarades. Vous l'avez fait."

"Cela signifie un sacrifice. Quelqu'un doit nous élever. D'une autre vie, nous pourrions tirer de la force, et cette autre perdra autant qu'elle nous donne."

Les sourcils de Thornton se contractèrent. Elle lut le commentaire de raison qui accompagnait son texte.

"Qui sait ? Tout ne peut pas être pesé sur une balance."

Elle ne lui a pas demandé s'il reviendrait ; elle savait dans son cœur qu'il le ferait.

VI

Certains résultats naturels résultèrent de la première intervention de Jarvis Thornton dans les troubles de la famille Ellwell . Il se sentait obligé de faire ce qu'il pouvait avec l'oncle du Minnesota pour assurer une sorte de place au jeune Roper. En quelques semaines, il put effectuer un nouveau voyage aux Four Corners, avec l'offre définitive d'une petite agence dans une petite ville frontière. Il a trouvé les conditions familiales troublées, mais temporairement calmes. Le vieux Ellwell , après une attaque passionnée et violente, était tombé dans un silence maussade. Le fils resta à l'écart ; il traînait dans les locaux pendant la journée et s'en allait aussi souvent que la mère et les sœurs pouvaient trouver de l'argent à dépenser. Après plusieurs visites aux Four Corners, dans des moments de stress familial, Thornton se retrouva dans les termes les plus intimes avec la jeune femme qui semblait se rendre compte le plus de la souffrance.

Il décida que, quoi qu'il arrive, il devrait, pour rendre justice à son père, lui raconter cette histoire. Le père de Thornton était un homme âgé que la plupart des bons habitants de Boston étaient heureux de connaître. Il avait une petite fortune ; il possédait une confortable petite boîte en briques dans Marlboro' Street ; il avait cultivé suffisamment de goûts pour le tenir raisonnablement occupé depuis la mort subite de sa femme il y a des années. Jarvis Thornton appréciait son père, et cette jouissance était réciproque. Les deux hommes avaient réfléchi ensemble et planifié l'œuvre de leur jeune homme, et chacun se sentait également intéressé et responsable du succès de leur spéculation. Ce que la carrière du père avait manqué d'efficacité, ils décidèrent maintenant qu'il devait être remplacé par Jarvis. Le fils éprouvait donc déjà quelques remords lorsqu'il réalisait jusqu'où il était allé dans cette importante affaire sans mettre son père dans la voie de la critiquer.

C'est par une soirée étouffante de juillet que Jarvis profita pour parler de l'affaire à son père. Le vieil homme s'était montré inhabituellement silencieux, presque préoccupé pendant le dîner qu'ils avaient mangé ensemble dans la petite salle à manger du fond. Le fils remarqua que la chaleur avait des conséquences sur son père et il se reprocha de le garder dans cette ville poussiéreuse et déserte pendant qu'il terminait ses travaux de laboratoire. Les voitures électriques faisaient un grand vrombissement, au coin de la rue, à intervalles réguliers, et la petite bande de parc derrière la maison était pleine de pauvres gens qui avaient rampé hors de leurs trous chauds pour prendre un peu d'air respirable dans les espaces verts abandonnés. par les riches. Jarvis Thornton jeta paresseusement ses yeux sur la bibliothèque poussiéreuse où ils étaient allés fumer. Parmi ces hautes rangées de livres à l'air sobre, il avait eu un premier aperçu de la vie qu'il commençait à mener, la vie dans l'ensemble qui lui semblait la plus satisfaisante de toutes celles qu'il avait vues. Il y avait un gouffre entre lui et cette foule passionnée qui envahissait les parcs publics par un été chaud ; il y avait aussi un fossé entre lui et ses voisins dans les loges en brique contiguës, qui s'efforçaient simplement de rendre les loges confortables. Et c'est à son père qui était assis en face de lui, son beau visage maigre à la courte barbe grise qu'éclairait parfois le charbon rouge de son cigare, qu'il devait tout. D'une manière ou d'une autre, ce soir, il sentit qu'il était sur le point de proposer un raid à travers ce golfe, un abandon volontaire de la position calme et efficace qui lui avait été offerte.

Il n'eut aucune difficulté à aborder l'affaire. Discuter d'un sujet avec son père, c'était comme parler à quelqu'un de plus expérimenté et plus patient.

"Avez-vous déjà connu les Ellwell ?" commença-t-il simplement. "L'un d'eux était le vieux pasteur de la Deuxième Église, et son petit-fils est désormais inscrit au conseil d'administration." Le vieil homme hocha la tête. Puis il poursuit en décrivant sa première rencontre avec la famille, son impression des Four Corners, sa première visite là-bas, avec des portraits clairs et simples des différents Ellwell de cette génération. Lorsqu'il en est venu à la crise de Roper Ellwell , deuxièmement, il a trouvé moins facile d'expliquer en quoi cela l'avait impliqué. Il passa précipitamment ses dernières visites aux Four Corners, et après quelques remarques brisées sur la femme qui l'avait attiré là-bas, il tomba dans un silence gênant. Son père continuait de fumer, comme s'il attendait une déclaration finale. Comme cela n'est pas venu, il a parlé d'une voix claire et impartiale.

"Oui, j'ai connu tous les Ellwell sauf ces jeunes. J'étais à peine sorti de Camberton quand la guerre a éclaté. John Ellwell s'est alors dérobé ; il n'y avait pas grand-chose à faire pour aller au front. C'était dans les airs de se battre. ". Il fit une pause pour laisser cet aspect de l'affaire pénétrer. « Plus tard, j'ai été président du comité qui lui a demandé de quitter le Tremont Club. Et encore plus tard, lorsque son escroquerie lors de l'échange a été révélée, j'ai aidé son père à faire taire l'affaire. " C'était un méchant type. "

"Oui," répondit lentement son fils. "Un groupe particulièrement mauvais. Il est pourri !"

"Bien sûr, outre les scandales que nous avons mentionnés, il y en a eu, et il y en a probablement d'autres avec des femmes. Ce que vous dites des enfants montre à quel point le sang est pauvre. Le fils ne pourrait guère finir autrement. Vous lui avez donné un nouveau terrain pour grandir. , mais il faut que la fin soit là !"

Le vieil homme montra la rue avec raideur. Jarvis Thornton ne répondit pas. Bientôt, son père continua :

"Ils n'ont pas été transplantés à temps. Ce sont des puritains dégénérés. Il y en a un grand nombre comme eux, qui ont disparu dans les fermes de pierre, ou dans de petits commis, ou dans des asiles d'une sorte ou d'une autre. Le cheptel était trop finement élevé. dedans et dedans, encore et encore, depuis près de trois cents ans. La folie et le vice ont été thésaurisés, réprimés et transmis. Il semblait parler avec une amertume personnelle.

"Nous avons la souillure de la scrofule, de la boisson, de la folie, le tout dissimulé. Ceux qui étaient les plus sages se sont dispersés il y a quarante ans dans de nouveaux pays. Puis le magnifique vieux stock a pris une nouvelle vie. Ce ne serait pas exagéré de dire que partout où nous trouvons une bonne vie, de l'espoir, de la joie ou de la prospérité dans notre vaste pays, tout cela remonte à la Nouvelle-Angleterre. »

Le fils écoutait avec étonnement cet essai sur la souche puritaine.

"Mais je n'y crois pas", proteste le jeune homme. "Je ne crois pas que ce soit une bonne science ou une bonne morale de suspendre à notre cou cette horrible meule de l'hérédité."

Son père continua sur son ton impartial. " Vous savez combien de ces choses pourries il y a dans notre famille. Vous vous souvenez des Sharp, des Dingley et des Abraham Clarke. Vous savez que votre mère est morte de simple épuisement, " trembla le vieil homme, " et j'ai été épargné pendant une vie assez inutile à force de rafistoler constamment. La guerre ne m'a pas seulement mis en cloque…"

"Je n'y croirai pas !" Jarvis Thornton a prononcé, d'un ton intense. Son père soupira.

"Et par quelque fortune, vous avez été épargné ; vous avez grandi fort, sain et équitable. J'ai dirigé vos intérêts vers la ligne de travail que vous avez choisie, dans un but…"

Il fit une nouvelle pause. « Afin que le sexe, le simple sexe, n'éprouve pour vous aucune fascination particulière et malsaine ; pour que vous puissiez affronter ces problèmes et les traiter aussi judicieusement que vous le feriez pour une question de banque – sans sentiment, sans passion, sans hallucination ignorante et alcoolique – —"

Le fils leva la main.

"Et maintenant, cela s'est produit d'une manière nouvelle", dit-il doucement, "grâce à votre pitié, votre générosité et votre foi. Mais cela est venu."

Ce que Jarvis Thornton a répondu n'était ni cohérent ni significatif. Il rejeta l'idée de pitié ou de générosité comme étant absurde. Il aimait cette femme pour elle-même, parce que, parce qu'il l'aimait. Son père eut un sourire triste et gentil.

"La mère ne semble pas avoir ajouté grand-chose au sang." Il a rejeté cela afin de ramener le sujet dans des voies plus raisonnables.

"Non, c'est une femme faible. Mais qu'en est-il ? Je n'épouse pas la famille. Nous allons les quitter, construire une nouvelle vie et briser la malédiction." Il sourit légèrement.

" Même si vous croyez qu'aucun mal ne pourrait arriver à vos enfants, que tout n'est que hasard dans ces affaires, " persista le père, " vous *ne pouvez cependant pas* échapper à la famille. Vous épousez les conditions ; ils resteront avec vous. *Ils* , si rien n'est fait. sinon, cela va gâcher votre vie.

Le plus jeune homme se leva comme pour se débarrasser d'un bandage physique. Pour la première fois de sa vie , il se sentait conscient d'une rébellion contre les conditions élémentaires de l'existence.

"Et si cela signifiait corruption et misère ! Je veux ma joie, ma vie, même s'ils écrivent 'Échec' au bas de ma page."

"Non non!" protesta son père. "Vous accepterez la douleur et les conséquences comme un homme, mais vous ne croirez jamais cette déclaration cochonne que vous venez de faire."

Cela ramena le jeune homme à son humeur plus calme.

« Je les déteste, » dit-il amèrement, « plus que vous ne pouvez le faire ; mais elle, je l'aime.

"Et c'est à elle que tu sacrifieras tout ?"

Son père le regardait avec curiosité et envie.

"Oui, s'il le faut, *tous* , sauf vous !"

Le vieil homme sourit froidement.

"Je ne compterai pas longtemps, et de toute façon, vous êtes indépendants. Mais je n'ai pas envie de mettre les choses sur un tel pied. Nous n'avons pas vécu ainsi."

"Je ferai tout ce que tu désires", dit le fils, "sauf..."

"Je ne demanderai rien", répondit doucement son père. "Si vous avez l'intention de l'épouser, vous devez le faire maintenant, au moment où elle aura le plus besoin de vous. Il ne peut y avoir de compromis, à moins que votre propre esprit ne soit divisé."

Alors que Jarvis Thornton quittait la maison ce soir-là , il avait le sentiment d'avoir porté un coup à son père.

<h1 style="text-align:center">VII</h1>

Quelques jours plus tard, lorsque Jarvis Thornton emprunta la route à péage familière , il ne s'était pas remis de l'humeur sérieuse que les paroles de son père avaient provoquée. Cela lui pesait comme un poids. Il ne roulait pas au rythme d'un amoureux ; plutôt calme et déterminé, avec une pointe de fierté à suivre son propre jugement. Mais la prophétie du vieil homme rencontra une réponse dans son esprit : il était dangereux de cueillir des roses sur des ruines.

La douceur de son père en la matière l'a saisi et il a commencé à apprécier, d'une manière vague, le désir qu'ont les hommes âgés de voir l'épanouissement de la jeune génération. Le simple âge, constatait-il, réduit la complexité du désir, mais le rend unique et intense. Que son père ait eu raison ou non dans sa sombre analyse, il en était profondément convaincu et déjoué. Sa dernière méthode de succès s'était révélée illusoire, mais il n'avait ni reproché, ni dominé, ni dicté, ni fait appel. Il avait exprimé un peu de son vif chagrin, mais insidieusement cette attitude avait entaché l'extase du jeune homme.

Comprendrait *-elle* la noblesse de son père ? Il pouvait difficilement lui expliquer la situation dans toutes ses dimensions, même si elle était apte à comprendre. Et il sentait que sa sympathie serait celle d'une femme, si prête, mais superficielle. Il fallait un homme, au caractère moins expressif, pour comprendre en profondeur les enjeux de cette affaire. Cependant, si elle l'aimait – c'était agréable de sentir qu'elle l' *aimait* – elle devait planifier avec lui pour déjouer la prophétie du vieil homme. Ils se libéreraient des conditions, quoi qu'il arrive. Il ferma fermement la bouche. D'une manière humaine, il planifiait comme s'il connaissait tous les éléments de la question.

Son cheval trottait sur le petit chemin de gravier jusqu'aux Four Corners. Tout à coup, elle apparut debout sur la grosse meule cannelée qui servait de poulie à chevaux. Sa robe blanche avait un dessous de corsage rose qui lui donnait plus que jamais l'apparence d'un nénuphar qui s'ouvre.

"J'ai une nouvelle promenade pour toi aujourd'hui."

Son salut ne trahissait aucune surprise. Elle était évidemment sûre du résultat. Alors que Thornton se jetait à bas de son cheval, il eut la sensation de céder – à ce qui avait été convenu d'avance.

"Mais tu dois être tellement sexy", ajouta-t-elle en regardant son visage solennel. "Viens dans le garde-manger pendant que je te prépare un cocktail. Papa dit que je pourrais trouver une place de barmaid."

Avec un éclat de rire content , elle nous conduisit au petit garde-manger au-dessus de la cave à vin. Il était approvisionné et aménagé comme un bar miniature ; un haut buffet était soigneusement garni de verre taillé poli, et la petite pièce exhalait les odeurs aromatiques des différents vins et amers. Il s'assit près de la fenêtre ouverte pendant qu'elle s'affairait à piler de la glace pour obtenir une fraîcheur floconneuse et à rassembler les matériaux. La voir à ce travail semblait éloigner toute la solennité de l'occasion. Pourtant, il se moquait de sa pruderie.

Le soleil brillait dehors sur la pelouse brûlée ; ici, la chaleur de l'été faisait ressortir toutes les odeurs âcres du lieu, imprégnées, semblait-il, par le courtier en valeurs mobilières, par le genre d'Américain qui ne pouvait supporter la vie que lorsque ses nerfs étaient en quelque sorte apaisés. Pfa ! L'ambiance des cochons des Four Corners ! Ils lui rappelaient l'esclavage de la chair que, dans son humeur magistrale, il détestait. Il sirota son cocktail et alluma une cigarette, l'inhalant avec délibération, notant avec une vaine curiosité comment ses pouls répondaient par de petits battements aigus.

L'évasion de la réalité ! Il avait toujours aimé la réalité brutale et y croyait professionnellement. Il faut avoir un esprit sain et un corps normal pour croire en la réalité, et c'est pourquoi peu de gens se soucient de ce genre de pain amer. La foule a tenté de s'enfuir. Peut-être tenterait-il lui aussi de s'enfuir ? Quel temps perdait-il dans cette lente tâche méthodique qu'il s'était fixé ? Il y a trois mois s'était produite la première rupture dans son courant régulier de pensée, et maintenant il dérivait sans but dans un fouillis de passions et de désirs.

"Aimez-vous?" » demanda Miss Ellwell avec inquiétude. Il avait sur les lèvres de dire :

"Je déteste ça." Cela semblerait idiot et incompréhensible, comme une conférence impromptue sur les péchés des boissons fortes. Ses yeux erraient sur elle, posés sur un bras blanc qui pendait sur le buffet.

"Je t'aime bien", disaient ses yeux. Une vague d'indifférence brutale envers tout sauf le désir immédiat déferla chez l'homme. Cependant, jetant sa cigarette, il hocha la tête.

Une petite touche de rose sur son visage et son cou répondit à ses yeux.

"Maintenant viens." Elle reposa le dernier verre et baissa le store, faisant taire les fortes odeurs.

Ils traversèrent le verger jusqu'à la route forestière qui menait vers l'est depuis les Quatre Coins.

Il y avait une partie de Middleton dominée par une haute colline, avec un étang de campagne à son pied, qui possédait un air distingué, à l'écart du village plat et des petites fermes arides. De hauts murs de pierre sillonnaient ses surfaces vertes, se rejoignant en un tas au sommet, où quelques pommiers soufflés par le vent maintenaient également leur croissance rabougrie. Un peu au-dessous du sommet de la colline se trouvait un épais bouquet de noyers. De cette hauteur, on pouvait voir les collines de Hampton à l'est, délimitées par une fine rangée d'arbres dessinés comme avec une épaisse brosse le long de la marge du paysage. Ailleurs, les collines étaient des monticules nus et arrondis. Plus au nord, cette ligne ondulée plongeait dans une plaine verte et là, selon la tradition, on pouvait voir par temps clair les voiles blanches des goélettes côtières et un miroitement de lumière orientale qui pourrait être les marais d'Essex, ou bien le bleu. la mer elle-même. Ce pic couronné de pommiers était une sorte de guet depuis le pays mort jusqu'à la mer vivante.

Miss Ellwell amena Thornton près du monticule de pierres sur la crête ; ils posèrent leurs bras sur le mur, regardant vers l'est à la recherche du morceau de côte bleue et des voiles.

"Là, là, je le vois", crie-t-elle. Il la regarda avec incrédulité. Il n'y avait rien d'autre qu'une nébuleuse masse bleue. — Eh bien, je l'ai vu, protesta-t-elle, deux ou trois fois. Aujourd'hui, c'est un peu flou.

"Pourquoi veux-tu le voir ?" » demanda-t-il négligemment.

"Oh, c'est tellement différent ! C'est grand, étrange et inconnu ; tu n'aimes pas ça ?"

"'Il y a un monde au-delà !'", répondit-il sans pertinence directe. Ils se tournèrent vers l'ombre des noyers. Sous le soleil de juillet, les bois semblaient endormis, simplement apaisés par une brise errante, et ils se jetèrent sur le sol chaud. Tout dans l'air nageait avec des odeurs agréables, chauffées, somnolentes et terreuses.

Alors qu'elle ôtait son chapeau et se blottissait dans les sous-bois, Thornton sentit son corps anémique , pâle de fatigue de la chaude marche, comme si le nénuphar s'affaissait sous le soleil de midi. Pourtant, elle était d'une manière ou d'une autre intimement liée à la terre menaçante. Il y avait deux corps : le corps de chair qui était venu au monde avec fatigue et faiblesse, et le corps de passion qui s'épanouissait en puissance.

Elle parlait des mille banalités qui font la conversation entre un homme et une femme. Thornton était allongée en silence, allongée sur les feuilles chaudes à ses pieds, sentant son visage exsangue aux veines bleues acérées. Chacun était conscient de quelque chose de dynamique dans l'air ; leurs esprits avaient une compréhension franche tandis que la conversation sautait dans le néant. Lorsqu'elle recommença à parler de la mer qui s'étendait là-bas, au-delà des vertes prairies et de la brume bleue, une légère couleur rose d'animation jaillit sur la pâleur et fit briller les yeux humides. La mer! Cela représentait dans son esprit les mystères du changement, de l'inconnu. Thornton savait que cette nostalgie du changement n'avait rien de précis, n'était qu'une soif de mouvement d'une jeune fille ; pourtant, cela l'avait séparée, dans son esprit, des autres.

"Il y a un monde au-delà", murmura-t-elle, s'étonnant de la répétition de ses paroles. Les branches des noyers se balançaient dans le vent odorant comme pour murmurer : « Oui, oui, nous le connaissons. Ce monde au-delà... au-dessus des collines de chair et des déchets fastidieux de corps fatigués, il *y a* un monde. de paix au-delà!"

Ses yeux se posèrent sur son visage avec nostalgie. Il détenait les clés de cet au-delà... Quelque chose s'était brisé dans son mécanisme bien ordonné, et il allait, allait, dérivant sans volonté dans le sentiment et le désir. Et l'instant d'après, il la serra dans ses bras, regardant un visage brûlant d'amour. Il n'y avait pas de mots. La vie avait été trop forte pour ses petits projets ; cela l'avait moqué et poussé à la passion , comme un brin de paille pris dans un vent. Les heures s'écoulaient sans qu'on y prête attention, tandis qu'ils restaient là face à face. Puis vint le retour à la maison à travers les bois de l'après-midi ; elle était silencieuse et contente, il essayait de se justifier. Lorsqu'il avait spéculé sur de telles questions, il s'était vu discuter, à juste titre, des affaires sérieuses de la vie avec une grande fille au port distingué, l'une des nombreuses jeunes femmes dont la connaissance avait constitué ses soirées à Boston. Il s'était attendu à ce que leur conversation devienne plus sérieuse à mesure que cette intimité s'approfondissait, et qu'enfin, s'étant trouvés d'accord sur les idéaux sobres de la vie, il lui aborderait cette dernière proposition impliquant leurs deux vies. Il avait à moitié imaginé une telle situation avec plusieurs belles jeunes femmes ; la scène s'était toujours jouée dans un salon rempli de bric -à- brac et de lourdes tentures, lui dans son long manteau noir d'après-midi. Il y avait là une touche de solennité, un lourd sens des responsabilités qui aurait rendu leur premier baiser un peu sépulcral.

Maintenant ça! Sa main toucha la sienne ; son esprit quitta ces images bizarres, et soudain il lui sembla que la vie n'était qu'un désert de bois sous le soleil de fin d'après-midi, au milieu duquel il était destiné à errer dans un rêve léthargique. Un sentiment dominant de tendresse ; une indifférence aux aboiements de la raison — simplement l'amour, et la terre douce et chaude, et la verdure des êtres vivants, et la femme dont la robe effleurait son bras. Ah ! c'était doux et précieux à tout prix.

VIII

Il avait mis quelque chose en mouvement en cette languissante journée de juillet, et soudain il fut entraîné dans un flot de conséquences. Il y a eu un entretien avec M. Ellwell , une soudaine ouverture des bras de la famille Ellwell , et il était l'un d'entre eux – pas vraiment à son goût. Ruby Ellwell a fait part de ses fiançailles avec Bradley, le jeune courtier en valeurs mobilières avec qui son père avait côtoyé. Les Four Corners renouvelèrent leur vie mondaine lors d'une garden-party au cours de laquelle les deux engagements furent annoncés. Thornton dut faire la queue avec son nouveau beau-frère, et malgré toutes ces affaires désagréables, la seule consolation était le bonheur que la femme qu'il aimait y trouvait. Pour elle, c'était une réhabilitation de la famille, la première aube de ces temps meilleurs qu'elle avait recherchés toutes ces années.

Il se souvint toute sa vie de la manière dont son père l'avait rencontrée ; comment il avait traversé la pelouse, vieux, gris et distant, et lui avait pris ses deux mains. Il lui avait souri tendrement, comme si elle était une petite fille, tout comme il avait souri des années auparavant à la mère de Jarvis. Puis il l'avait embrassée sur les deux joues et lui avait caressé les mains avec douceur. Plus tard, il s'était enfui de la même manière tranquille et distraite. Pendant le reste de la journée, Jarvis Thornton avait été un peu triste et ennuyé, sans savoir exactement pourquoi.

Ils avaient prévu un mariage simple pour septembre ; ils marcheraient jusqu'à l'église du village, la vieille loge blanche d'un lieu de réunion où le premier Roper Ellwell avait dirigé sa congrégation. Martinson, le jeune héros de Thornton à l' école théologique de Camberton , les rencontrait dans ses robes épiscopales sur le petit green devant l'église, puis le groupe, pas plus d'une douzaine, pouvait marcher ensemble dans le vieux bâtiment nu, et dans le calme solennel de la campagne à midi achève le mariage. Un dîner tranquille, puis loin des Four Corners.

Mais il ne pouvait en être ainsi. Le beau Ruby souhaitait avoir une « fonction », une des excitations conventionnelles de ce divertissement. Les deux sœurs doivent être mariées ensemble ; un train spécial doit venir de Boston ; une grande réunion aurait lieu pour tous les vieux amis de la famille qui avaient secoué la tête face aux malheurs d'Ellwell . Alors les deux âmes les plus calmes cédèrent, et le mariage laissa un mauvais goût dans la coupe de joie du jeune marié.

Presque aussitôt, ils s'étaient rendus à Berlin, où Thornton proposait de travailler pour une durée indéterminée. Il lui semblait qu'il devait accomplir plus d'un but en poursuivant son œuvre en Europe ; il pouvait insensiblement se séparer, lui et sa femme, du lien avec Ellwell . Tout s'est bien passé pendant ses premiers mois ; il commençait à considérer son mariage comme une idylle glissée entre des pages de prose. Mais quand leur enfant arrivait, sa femme devenait agitée ; elle doit rentrer chez elle, vit-il ; il était naturel qu'elle ait envie de retourner auprès de sa mère à un tel moment.

Ils étaient donc retournés à Boston, Thornton se contentant de penser qu'il pouvait avancer à Boston presque aussi bien qu'en Europe ; qu'heureusement il n'était pas lié par des besoins d'argent, et que les laboratoires de Camberton lui étaient toujours ouverts. Quand la petite fille est arrivée, il a projeté un nouveau déménagement ; on lui a proposé de diriger un laboratoire quelque part dans le Moyen-Ouest. Il commença à ressentir la force des remarques de son père sur la transplantation.

Pourtant, ils n'y sont jamais allés. Un autre homme a obtenu le rendez-vous alors qu'il persuadait sa femme. Sa mère se sentait si seule, maintenant que Ruby vivait à New York. Ils n'avaient pas besoin de vivre loin pour gagner de l'argent. Lorsqu'il proposa de déménager à Washington, il fallut parcourir le même terrain et rencontrer la même résistance douce et obstinée.

"Va à Washington", dit le vieux Thornton lorsque son fils se tenait à son chevet lors de sa dernière maladie. « Allez à Washington », répéta-t-il d'un ton maussade. Et comme le plus jeune ne répondait pas, mais restait assis, les mains enfoncées dans les poches, à ruminer, le malade reprit la parole : « Vous ne ferez jamais rien ici.

"Oui, nous devons agir", a acquiescé son fils d'une voix qui disait "non".

Après la mort de son père, ils sont allés vivre dans la maison de Marlboro' Street. Il n'était plus question de déménager. Les Ellwell sont venus en ville pour l'hiver, vivant dans un appartement dans l'un des nouveaux hôtels à proximité . Mme Thornton avait l'habitude de passer ses matinées dans l'appartement avec sa mère et le bébé. Thornton ne trouvait aucune raison raisonnable à la rébellion qu'il ressentait à cause de ce lien, de cette proximité avec la décadence dans laquelle il était contraint de vivre. Pourtant, il détestait l'idée que son enfant, aussi sans importance qu'elle soit maintenant, puisse commencer sa vie en s'imprégnant d'une atmosphère aussi désespérée.

Il pouvait raconter chaque jour ce qui s'était passé pendant ces longues heures matinales ; comment les sympathies de sa femme avaient été mises à rude épreuve ; comment la mère et la fille avaient soupiré face aux inexplicables misères de la vie. Elle lui sembla revenir à la maison avec son vieux regard anémique , avec sa vieille faim agitée sur le visage, et alors il se rappela que leur enfant était plus que délicate. Cela l'amènerait à envier la simple chair et le sang grossiers, les fibres grossières de certaines gens ordinaires en parfaite santé. En fait , c'était un crime contre ses semblables que de maintenir un stock en faillite à moins qu'il ne puisse le redonner de la vigueur. Il y avait aussi des allusions indéfinissables de temps en temps aux affaires Ellwell , à la mauvaise santé du courtier en valeurs mobilières, aux déceptions perpétuelles qui le décourageaient. Sa femme avait retombé dans l'habitude du Four Corner de considérer l'incapacité et la folie comme de simples malheurs. Cela l'irritait de constater toute cette pitié sentimentale à l'égard d'un canaille. Pourtant, elle avait raison ; elle avait pour elle l'opinion de plusieurs siècles ; n'était-elle pas leur fille avant d'être sa femme ?

Il y avait des moments où Ruby venait de New York pour une visite, emmenant avec elle son enfant, un garçon. Thornton remarqua d'un air sombre ce petit animal vigoureux de neveu et le compara minutieusement à son propre enfant faible. Il compara aussi les mères. Ruby avait déjà commencé la période de surfloraison. Les Bradley , comprit-il, vivaient une sorte d'existence de vagabonds, passant de pension en hôtel au fur et à mesure que Bradley montait ou descendait. Et Ruby, malgré toute son assurance et sa personne aisée, n'avait pas perdu les maux d'Ellwell . Pourtant, son enfant avait reçu la solide souche qu'il enviait. La nature avait froidement négligé les siens et avait porté ses bénédictions là où elles n'étaient pas méritées.

De telles réflexions le rendaient plus tendre envers sa femme. Il se demanda si elle avait déjà pensé à ce contraste.

Lorsqu'il travaillait dans son petit bureau en arrière-salle, il se demandait ce que les deux sœurs pourraient trouver pour discuter pendant des heures. Il imaginait qu'ils repassaient en revue les vieux postes du budget familial, les mille banalités des ragots familiaux qui ne semblaient jamais terminés et ne perdaient jamais de leur intérêt. Un jour, il entendit Ruby parler avec sérieux – elle venait tout juste d'arriver de New York – et il crut alors percevoir le son de larmes réprimées. Au bout d'un moment , il se leva nerveusement et se dirigea vers la chambre de sa femme où se trouvaient les sœurs.

Le visage de Ruby était excité mais maussade. Elle n'avait pas ôté son chapeau et, dans sa hâte, ses gants étaient tombés par terre près de la porte. Sa sœur pleurait doucement. "Quoi de neuf?" Thornton se tourna brusquement vers Ruby, sa voix trahissant son désir de la chasser de sa vie pour toujours.

Un léger ricanement traversa son visage. Elle ne dit rien et frappa le repose-pieds avec le bout de sa botte d'un air maussade, comme si elle en voulait à son apparence. Tandis que Thornton attendait une explication, elle se leva et ramassa ses gants.

"Il faudra lui dire " , dit-elle brutalement à sa sœur. "Je vais chez ma mère ."

Thornton l'accompagna jusqu'à la porte. Son air était provocant et maussade ; Thornton s'est abstenu avec mépris de l'interroger.

"Eh bien," dit-il doucement, à son retour. Quelque chose de très grave allait arriver ; il traînait dans les airs depuis des mois.

"Jarvis, je ne peux pas te le dire, c'est tellement horrible. Que devons-nous faire ? Pauvres tante Mary et tante Sophie !"

"Ils ont perdu leur argent."

Elle acquiesça.

"Par l'intermédiaire de Bradley ?"

"Oh, Jarvis, je t'ai causé tellement d'ennuis ; je crains de ne pas avoir dû te garder ici à Boston."

"Je ne vois pas comment cela pourrait affecter ça," répondit-il gentiment à sa contrition hors de propos. "Est-ce que tout est parti ?"

"Je suppose."

"Comment l'a-t-il obtenu ?"

"Je ne me souviens de rien. Papa avait tout leur argent pour investir, et il l'a laissé au mari de Ruby pour y mettre du blé. Tout a disparu."

Thornton avait entendu dire que les sœurs de John Ellwell avaient reçu une petite fortune de leur père avec des instructions strictes pour la garder hors des mains de leur frère. C'étaient deux jeunes filles délicates, qui flottaient sans but à travers l'Europe depuis plusieurs années, vivant d'une station d'eau à l'autre. Leur refus d'avoir quoi que ce soit à voir avec leur frère avait été un sujet de discussion fructueux en famille. Quelques années auparavant, cependant, alors que les valeurs américaines étaient en plein essor, les deux jeunes filles avaient retiré leurs cent mille dollars de la filature de laine où le vieux M. Ellwell les avait placés, et les avaient confiés au courtier en valeurs mobilières pour les réinvestir. Leur frère les avait toujours fascinés. Il était intelligent, méchant peut-être, mais si intelligent qu'il se lançait toujours dans les bonnes choses. La conclusion est venue peu de temps après. Au cours des six derniers mois, Ellwell avait réussi à maintenir l'intérêt ; maintenant il était à bout de souffle, et il était sur le point de se suicider en vendant son siège pour donner au moins une somme dérisoire à ses sœurs.

Le mari et la femme restèrent longtemps silencieux.

"Pourquoi Ruby est-elle venue annoncer la nouvelle ?" » demanda enfin Thornton. Sa femme le regarda timidement, puis rougit.

"Je suppose qu'elle pensait que nous pouvions faire quelque chose ; mais que devons-nous faire ? Il ne nous reste jamais rien."

Le verrou était tombé ; Thornton traça sa route en quelques instants.

« Il n'y a qu'une chose, » dit-il doucement ; "Nous devons veiller à ce que vos tantes ne meurent pas de faim, du moins pour le moment."

"Tu vas devoir abandonner tes investigations et ton travail de laboratoire, et tout ça ?"

Elle s'efforçait de comprendre sa situation, un effort qu'il avait prévu pour elle ce jour de juillet où ils s'étaient fiancés.

"Pour le présent."

"Comment peux-tu m'aimer ? Ta vie aurait été si différente. Tu as toujours dit que tu avais des conditions idéales, juste assez d'argent pour travailler comme tu le voulais. Et maintenant tu ne peux pas t'échapper à moins que je meure."

Il n'aimait pas proférer des mensonges banals ; bien qu'elle ait dit la vérité dans sa soudaine prise de conscience des faits pour le faire nier, il n'a pas pu protester ; alors il l'embrassa à la place et dit plus tard :

"Nous ne pouvons pas considérer les choses de cette façon." Son ancien air de misère est revenu.

"Tu ne peux pas gagner avec moi."

"Mais j'ai gagné l'amour."

Et elle a été apaisée.

A partir de cette date, il était devenu un homme au sens sordide du mot. Il avait pris son beau-père en main avec sévérité, lui avait présenté le cas avec fermeté et lui avait montré l'étendue du sacrifice que sa vie sans valeur avait rendu nécessaire. Il versa à partir de ce jour le revenu normal aux banquiers de Miss Ellwell , mais il fit comprendre au courtier que c'était la fin. Aucune autre protection pour lui ne pouvait être trouvée dans cette vie.

Quelques mois plus tard, il a abandonné son bardeau en tant que médecin et chirurgien en exercice . Il aurait besoin de suffisamment d'argent dans sa vie ; le moyen de l'obtenir était de faire appel à ses connaissances à Boston et de pratiquer seulement dans quelques rues de Back Bay. Ainsi, à trente ans, il avait commencé la routine ordinaire d'un médecin bien connecté, le métier dont il se moquait dans sa jeunesse, le métier de fumisterie polie.

IX

Les quinze années suivantes qui passèrent Jarvis Thornton d'une génération à l'autre se passèrent dans une paisible monotonie. Il avait décidément réussi. Sa petite tournée dans les rues de Boston, où il distribuait des encouragements mentaux et physiques, résonnait de ses éloges. De plus, il était connu comme un « bon garçon », une épithète que ses amis les plus chaleureux de l'époque de Camberton ne lui auraient pas accordée. Il était élégant et solide ; soigné et complet, en dépit d'une activité constante, et si sa réputation scientifique n'était que médiocre, il suffisait de lui donner une chaire de conférences sur les névroses à la Camberton Medical School, marque d'approbation nécessaire pour un médecin exerçant dans son pays. cercle. Il passait huit mois par an à Boston ; les quatre autres, il exerçait à Wolf Head, un lieu balnéaire à la mode qu'il avait beaucoup fait pour promouvoir. Là, il avait construit un cottage spacieux sur une petite pointe de terre et il avait judicieusement investi dans la société d'amélioration qui détenait les meilleurs lots le long du rivage. C'était un médecin de famille agréable à côtoyer, doté d'une bonne digestion et d'une connexion souhaitable ; pendant ses quelques heures de récréation, on pouvait compter sur lui pour jouer au tennis, au yachting ou à un dîner, même s'il y avait une soirée dansante.

L'une des étapes qui marqua la prospérité des Thornton fut leur nouvelle maison sur Beacon Street, choisie avec beaucoup de soin dans un petit pâté de maisons ou deux d'un quartier stable. Lorsqu'ils avaient emménagé dans cette nouvelle maison, Mme Thornton avait indirectement fait référence au passé.

"Pourquoi ne prends-tu pas l'atelier de couture ?"

"Pourquoi ? Je ne peux pas divertir les patients au troisième étage."

"Vous pourriez l'utiliser comme laboratoire pour vos affaires", suggéra vaguement Mme Thornton. "Je pourrais m'en passer."

Le docteur sourit.

"Oh, je n'ai pas besoin de beaucoup d'espace pour ça ; je n'ai pas beaucoup de temps ces jours-ci."

Il était touché qu'elle se souvienne, même de loin, de la portée de ce jour tragique où sa sœur était venue lui annoncer la coquinerie de Bradley. Bientôt, elle recommença, cette fois plus près du cœur du problème.

"Jarvis, ça ne te dérange pas tellement, le changement que tu as dû faire, *maintenant*."

"Maintenant que j'ai plus de pratique que je ne peux en faire ?"

La voix du médecin avait parfois un ton inexplicable qui rendait sa femme réticente aux conversations intimes.

"Vous avez un tel succès", continua-t-elle ; "et tout s'est déroulé si... paisiblement."

"Il y a deux verbes, ma chère, que la plupart des gens confondent : réussir et gagner." Puis, voyant son visage troublé, il l'embrassa. "Cette cloche sonne depuis une demi-heure. C'est un signe extérieur et visible du premier verbe. Je dois en tenir compte."

Lorsqu'il la quitta, elle réfléchit à ses paroles. À l'exception de moments troublants occasionnels comme ceux-ci, il ne lui était jamais venu à l'esprit que ses rêves réalisés au cours de cet été chaud aux Four Corners ne s'étaient pas réalisés pour eux deux. Elle avait vaguement rêvé et elle avait vaguement réalisé. Lorsqu'elle comparait la carrière de son mari avec celle de son père, ou avec celle de tout autre qui composait le *répertoire* parmi ses connaissances, cela lui semblait juste et sans tache. Mais les hommes étaient des créatures exigeantes, qui savaient rarement ce qui était le mieux pour eux et qui gardaient autour d'eux un fonds de mécontentement dont ils se nourrissaient.

Il y avait son pauvre père. Il avait abandonné maintenant ; Le docteur Thornton a constaté que les parents de sa femme ne mouraient pas de faim. Ellwell était un squelette mélancolique que l'on rencontrait dans les rues, courbé, marchant avec raideur au niveau de toutes ses articulations, ses joues charnues tombées comme après une forte fièvre. Lui aussi était minable, même si l'allocation était libérale. Les beaux matins, il descendait Tremont Street jusqu'à l'un des hôtels et se prélassait quelques heures au bar, à l'occasion de rencontrer une vieille connaissance. Souvent, le médecin entendait sa toux rauque dans le couloir devant la porte de son bureau, mais le vieil homme s'éloignait d'un air maussade chaque fois que la porte s'ouvrait. Thornton soupçonnait qu'en de telles occasions, l'allocation de sa femme était prélevée. Où d'autre est-il allé ? Il avait parfois envie d'évoquer cette mendicité dégradante, mais il s'abstenait toujours. Il devrait reconstruire le caractère de sa femme à partir de ses fondations afin de lui faire apprécier son dégoût, et il n'était pas sûr de désirer un changement aussi essentiel chez elle, du moins maintenant. Elle confondrait les choses : il semblerait lui reprocher sa pitié et sa tendresse naturelle. Peu importait donc que la vieille épave en gaspille quelques centaines de plus pour les plaisirs dont il était capable de se procurer.

La femme du médecin avait oscillé entre l'invalidité et une santé délicate depuis quelques années et s'était retirée jusqu'à ce que sa fille la ramène une fois de plus, d'abord à Wolf Head, puis à Beacon Street. La maison, malgré le fait qu'elle ne comptait que trois membres, était connue pour être un établissement coûteux. Mais le médecin était censé être aisé, et sa pratique rapportait plus que ce qu'il dépensait. S'il travaillait dur tout l'hiver, il ne restait pas oisif pendant les mois de vacances ; on pouvait voir son cheval fauve courir sur des kilomètres le long de la côte. Il était généralement tard dans la soirée avant que son visage sombre et son cigare allumé ne soient aperçus sur le chemin de la maison.

L'été, alors que sa fille avait dix-sept ans, avait été particulièrement chargé. Ils avaient reçu un flot d'invités comme d'habitude, restant une semaine ou une quinzaine de jours, et le médecin très occupé n'avait pas prêté beaucoup d'attention à savoir si Ruby Bradley et son jeune fils étaient venus ou partis, ou si les cousins germains étaient déjà arrivés. La maison était généralement pleine. Cela lui plaisait, même s'il préférait dîner seul, assez souvent. Sa fille, qu'il avait surveillée astucieusement, réclamait du monde, et le plan le plus sûr, pensait-il, était d'en rassembler une multitude. C'était une jeune personne agitée, grande comme lui, avec une peau claire comme sa mère, des cheveux noirs et des bras nerveux et actifs.

« Elle aura toujours un homme sous la main pour exercer son égoïsme », réfléchit impartialement le médecin. Alors il a nourri ses jeunes hommes. Le père et la fille allaient beaucoup ensemble et on faisait des remarques agréables sur leur intimité. Cet été, le médecin pensait à elle lors de ses longs trajets et scrutait les jeunes gens qui flânaient sous sa véranda. La plupart d'entre eux étaient des garçons au stade des veaux, des jeunes universitaires qui se gâtaient en vacances. Le médecin appela les chiots et les traita avec indulgence. Il y en avait d'autres qui venaient à l'hôtel pour de courtes quinzaines, de jeunes hommes d'affaires impécunieux ou des avocats qui cherchaient une aide convenable dans la vie. Ces candidats ont été soumis à un examen minutieux, mais rien ne justifiant des mesures actives n'a encore eu lieu.

Il avait précisément pris une décision concernant son futur gendre. Pendant deux ans, il avait étudié sa fille et rien ne pouvait ébranler sa conviction qu'il avait trouvé la seule conclusion sûre à un problème difficile : un certain type de mari. Il devait être riche, car Maud avait hérité de la dépendance d'Ellwell au luxe. Et il doit être capable de se consacrer assez régulièrement à ses caprices, de se subordonner avec bonhomie et d'obtenir pour elle tout ce dont elle a envie à ce moment-là.

"Elle aura très envie de s'exprimer", a commenté le médecin. "S'ils essayaient de s'exprimer sur les deux à la fois, il y aurait des explosions, des querelles, des divorces et des scandales, des enfants malheureux." Un jour, il dit tristement à sa femme : « Elle est trop intelligente, la pauvre enfant. Cela fait une demi-heure qu'elle me parle comme une marquise de quarante ans. Si cela continue, je devrai domestiquer ses grands-tantes pour pouvoir j'ai des enfants à la maison.

Le mari désirable doit être capable de bien la placer socialement, car elle s'est déjà montrée soucieuse des distinctions. Cela faisait un plaisir fou à son père de la voir snober le jeune Roper Bradley alors qu'il venait avec sa mère pour leur visite annuelle d'été. Elle n'a jamais mentionné son oncle Roper et elle a exprimé sa compassion au médecin au sujet de son grand-père Ellwell .

Le médecin l'aimait malgré son analyse. Il pensait avec fierté qu'elle était de race pure, capable de coups magistraux. Pourtant, hélas ! les occasions de coups magistraux se présenteraient si rarement ; en attendant, elle était un composé chimique dangereux, fébrile, nerveux, quelque chose à isoler. Avec ses enthousiasmes de cinq jours, sa vivacité d'esprit, son inquiétude, son sens vestimentaire, elle serait fascinante.

"Si seulement elle pouvait fasciner les bons!" le docteur a prié. Il sourit sauvagement en voyant le tableau qu'il dessinait comme il fallait et qui, il va sans dire, n'était pas d'un type sympathique.

"Un imbécile complaisant pour un gendre, une sorte de valet de chambre gentleman !" Et, "J'espère que ce sera la fin. Maud en tant que mère serait atroce."

Sa fille a donné au médecin un certain intérêt scientifique. Elle renvoyait pour ainsi dire aux générations précédentes, pervertissant leurs instincts simples. Son dévouement à l'Armée du Salut pendant un hiver, fit-il remarquer à sa femme, était une recrudescence du vieux pasteur puritain à l'époque de son réveil. Cette manifestation ne serait pas permanente, tant d'autres désirs se pressaient dans son cerveau. Tout à l'heure, elle avait développé un désir d'art. Le médecin avait dû faire des efforts pour empêcher son départ brusque pour Paris, où elle se voyait vivant avec deux francs par jour en haut d'un escalier très sale.

"Peut-être qu'elle s'enfuira", dit avec humour le médecin à sa femme. "Mais elle ne s'enfuira pas avec un simple homme : elle partira avec une idée et reviendra ensuite à la porte d'entrée pour être reconduite."

"Je ne pense pas qu'elle soit très prévenante", a laissé entendre Mme Thornton. Maud la traitait parfois avec tolérance. Le médecin comprit ce que cela signifiait : son manque de sympathie pour l'attachement de sa mère à sa famille ; inonder la maison Thornton d' Ellwell et de leurs affaires.

"Si seulement elle voulait cultiver quelques intérêts sérieux, les vôtres, et prendre la place d'un fils", ainsi Mme Thornton faisait référence à la jeunesse de son mari et à ses sacrifices.

"Je n'ai aucune utilité pour les femmes médecins", a répondu Thornton ; "et Maud en tant qu'infirmière récurant les sols serait plus absurde que Maud dans un poste de secours de l'armée."

Mais le médecin se sentait, dans une certaine mesure, responsable de la fièvre artistique. Il avait accordé au jeune Addington Long un certain droit de passage dans la maison. Long était le fils d'un vieil ami, un homme de Camberton , qui s'était détruit au début de sa carrière. Le docteur Thornton avait sorti le garçon de sa maison sordide, l'avait envoyé dans un pensionnat, puis, comme il l'avait bien promis, avait payé ses études à Camberton . Le jeune homme n'avait rien fait de remarquable, il était simplement devenu un gentil gentleman, avec un goût pour l'illustration, grâce auquel il gagnait quelques dollars pour dépenser de l'argent et se plaçait agréablement dans les cercles de Camberton . Lorsqu'il a obtenu son diplôme, le Dr Thornton a accepté ses suggestions selon lesquelles il aimerait tenter sa fortune en tant qu'artiste. So Long avait passé plusieurs années dans un atelier à Paris et avait réalisé un travail solide. Le médecin s'était senti encouragé par son expérience et l'avait traité avec libéralité.

Ce n'était là qu'une des nombreuses expériences similaires que le médecin avait menées en silence dans sa jeunesse. Plus tôt que la plupart des hommes, il avait eu envie de voir les autres aller là où le destin lui avait interdit. C'est à sa libéralité qu'un certain nombre de jeunes médecins étudiant à Berlin ou à Vienne, ainsi que quelques jeunes scientifiques disséminés dans tout le pays, doivent leur liberté. Il sélectionnait son matériel ici et là, sans grande discrimination apparente, mais un test existait, connu uniquement du médecin, un test étrangement sentimental et pourtant astucieux.

Les intérêts de Long étaient en dehors de son domaine, mais la tendresse qu'il avait ressentie pour le père l'a amené à faire cette exception. Il ne s'était pourtant pas trompé. Long avait exposé à Berlin et à Munich et avait commencé à vendre un peu son travail. Il était déjà présenté par la presse internationale comme un jeune artiste américain prometteur. Cet été, il était chez lui, dessinant dans un village non loin de là, et la fin de la journée le retrouvait assez souvent à la table du médecin.

Le médecin l'aimait bien. Il avait acheté le premier tableau de Long au Salon et lui avait trouvé des mécènes. Il l'emmenait sur son yacht chaque fois qu'il en avait l'occasion, et plus il voyait le jeune homme, plus il était prêt à parier sur son avenir. « Il y a tant de choses pures et saines en lui », observa-t-il à sa femme. "Il a réussi à vivre là-bas sans attraper leur bohème bon marché." Mme Thornton se sentait libre d'encourager l'intimité d'Addington Long à la maison. Mais il ne ferait pas l'affaire pour un gendre ; il y aurait deux tragédies au lieu d'une. Ainsi , lorsque Mme Thornton a suggéré qu'on lui demande une visite courant septembre, le médecin a reporté la question avec des excuses hors de propos ; ils avaient eu trop de monde ; Septembre était son moment de repos ; Le jeune Long devrait se mettre au travail et ne pas flâner dans un cottage confortable.

Un soir, vers le milieu de l'été, le médecin rentra plus tard que d'habitude et, fatigué de sa journée de conduite, il descendit de sa voiture et entra dans son parc par le chemin du rivage. Le vent du soir soufflait négligemment sur la baie ; dans la chaumière au-dessus, les lampes étaient allumées. Le médecin marchait lentement, pensivement, se frayant un chemin dans le bosquet, pensant vaguement au travail de la journée, aux cas visités, aux cas à visiter le lendemain, à la routine qu'il avait établie. Alors que ses yeux se posaient sur le cottage niché dans son petit domaine qui dominait plusieurs kilomètres de rivage, il réfléchissait avec complaisance à son sens des affaires qui l'avait amené à développer Wolf Head. Jusqu'à présent, il s'en était sorti habilement , et cette question d'une fille qui connaîtrait une crise au cours des cinq prochaines années devrait être traitée avec succès. Personne ne pouvait prétendre avoir la confiance du médecin ; on ne se tournerait pas vers lui pour des confidences d'aucune sorte. A-t-il déjà émis des doutes quant à l'opportunité de sa carrière ? En effet, il ne s'est jamais posé la question. Le destin l'avait pris dans un étau ; il avait passé dix-huit années actives à combler ce vice. Pourtant, il réfléchissait comme un homme le ferait à la fin d'une journée bien remplie, se demandant quel pouvoir irrésistible le poussait au cours de sa tournée habituelle.

Soudain, il entendit des voix sur sa pelouse et, instinctivement, il quitta le chemin de gravier pour se diriger vers l'herbe. Il y eut un long murmure à voix basse ; il s'interrogeait sur sa propre intensité d'écoute. Quelque chose dans le timbre de la voix, une certaine émotion contenue frappa son oreille expérimentée. Lorsque le bruit cessa, il avança prudemment le long de la haie jusqu'à arriver à une ouverture donnant sur la pelouse. La voix était celle de sa fille, comme il l'avait deviné ; à côté d'elle était allongée une silhouette d'homme en flanelle, probablement celle de Long. C'était simple : fatigués après leur tennis, ils s'étaient jetés là où la haie les abritait de la brise du soir et discutaient. Mais leur attitude l'arrêta ; il sentit une tension excessive dans l'air. À ce moment-là, Long parla d'une voix basse et lente, comme s'il ordonnait ses mots. Son visage était détourné du médecin, levant les yeux vers la jeune fille.

"Oui", dit-il, et le médecin sentit qu'il devait continuer, "c'est dur pour un homme. Vous voyez tant de gars qui ont échoué et qui sont aussi bons que vous..."

"Non, non, pas aussi bien", interrompit la jeune fille, "il y a *quelque chose* de différent."

"Eh bien, d'après ce que vous pouvez voir , ils sont tout aussi bons ; ils ont travaillé terriblement dur. Ensuite, vous fermez les dents et rentrez, travaillant désespérément de la première lumière au dernier coup d'oeil jusqu'à ce que vous soyez débranché."

"Alors?" dit son compagnon avec empressement.

"Peut-être que vous rampez jusqu'à Lavenue et restez là le soir à regarder les gens siroter et parler, les filles rentrer chez elles ou les étudiants qui gazent sans arrêt. Ce que vous faites alors, que vous y alliez, ne semble pas avoir d'importance. sur un pain pendant un mois et s'amuser avec ceux qui jouent, ou rentrent se coucher et retournent travailler le matin. Vous pensez que l'idée viendra un jour dès qu'elle sera prête, et qu'il ne sert à rien de trimer sur un pain un déjeuner à un franc cinquante."

"Ne penses-tu pas à ton pays, à l'Amérique et à nous qui sommes inquiets pour toi ?"

« Cela semble si loin ; et est-ce que cela vous importe à moins que je fasse une grève ?

La jeune fille se taisait ; son visage était détourné pendant qu'elle jouait avec sa réponse.

"Vous le savez", se protégeant d'un pluriel neutre.

"Voilà l'autre côté", dit la voix du jeune homme avec plus d'entrain.

" Vous allez dans le studio de quelques amis et voyez ce qu'ils font, vous trouvez des idées et rentrez chez vous avec plus d'entrain ; ou quelque chose de bien arrive, une photo est acceptée, une commande arrive. Vous pensez que vous avez tout compris. c'est vrai et ce n'est qu'une question d'un peu de patience. Il y a un bon dîner ou un petit voyage à la campagne, c'est bien autour de Paris, vous savez. Ensuite, je pense à rentrer à la maison avec une sorte de représentant, et comment vous tous allez *soyez* heureuse, en tout cas, Miss Thornton ? »

Le docteur soupira et s'éloigna.

"La condition de la fièvre", marmonna-t-il.

X

Lorsqu'il fut entré dans son bureau, il s'assit pour réfléchir. Son homme annonça un patient, mais le médecin ne répondit pas. Soudain, il leva les yeux vers le serviteur qui attendait.

"Voulez-vous dire à M. Long, alors qu'il part, que je souhaite lui parler."

Puis il reprit sa réflexion. Bientôt, on frappa et Long entra dans son bureau. Le médecin lui montra la chaise qu'il venait de quitter et, attrapant une boîte de cigares, en prit une et l'alluma. Longtemps l'observa avec attente.

"Veux-tu rester ici encore longtemps ?" » demanda enfin le docteur, avec son calme habituel.

"Oh, je ne sais pas grand-chose. Je veux rentrer à Paris cet hiver si———"

"Ne vous inquiétez pas pour ça", l'interrompit précipitamment le médecin. "Vous pouvez me faire confiance pour trouver le montant, vous savez, jusqu'à ce que vous soyez carrément sur pied; seulement," sa voix devint plus aiguë, "vous ne ferez pas grand-chose ici. Vous devriez y aller tout de suite."

Le jeune homme le regarda.

"Naviguez la semaine prochaine", continua le docteur, d'un ton doux, mais fixant ses yeux fermement sur le visage de Long.

"Je ne sais pas si je peux accepter———"

Le vieil homme agita précipitamment la main.

"Tu peux le faire de ma part. Je suis ton père depuis de nombreuses années."

Il y eut une pause. Puis Long rougit lentement. "Je ne sais pas si je peux", dit-il enfin. "Pourquoi es-tu si impatient de te débarrasser de moi ?" Ce fut au tour du docteur de garder le silence.

"Si vous n'y allez pas maintenant, vous n'y partirez probablement pas avant longtemps." Son regard restait fixé sur le visage du jeune homme.

"Et si j'ai une raison de rester ici ?"

"Il ne peut y avoir de raison plus forte que votre succès."

"Mais il y a - au moins," il fit une pause, maladroitement - "Je sens que oui, j'espère que oui."

« Savez-vous pourquoi je vous ai soutenu avec autant de persistance ?

"Vous avez été terriblement gentil !"

"Ce n'était pas entièrement à cause de votre père", l'interrompit le médecin. "J'aurais pu vous confier certaines affaires et vous laisser vous battre à votre guise. Ce genre d'expérience que nous connaissons tous rend les hommes, les hommes qui réussissent, qui ont fait leurs preuves, sont capables de supporter les tensions. Je vous ai sauvé jusqu'à présent de cela. lutter, pourquoi ?

« Parce que, continua le docteur avec autorité, il y a des hommes qui se soucient plus d'une chose, qui aiment un objet, plus qu'ils ne se soucient du succès, de la gloire, du plaisir. S'ils sont vaincus, s'ils n'ont jamais réussi, la chance de faire cette seule chose – peut-être que le monde n'est pas plus pauvre – il y en a beaucoup pour les remplacer, mais ils sont capables de misère, de vraie misère, telle qu'aucun échec commun n'en amène jamais à l'homme ordinaire. ils peuvent être oisifs et se laisser écarter et penser qu'ils sont plus heureux en faisant ce qui arrive, mais cela n'est jamais vrai. Ils sont misérables. De tels hommes ne peuvent jamais aimer, sauf comme un intermède. Me comprenez-vous ?

Le docteur s'arrêta à cet interrogatoire aigu ; Les yeux de Long l'avaient suivi avec étonnement pendant son long monologue.

" Alors tu pensais... " balbutia-t-il.

" Que vous avez été fait de cette façon ", acquiesça le docteur ; "un animal non domestiqué."

Longtemps resté à ruminer cette idée. » continua le docteur de sa voix basse et rapide.

"Vous avez la faim et la soif de ce travail là-bas. Vous joueriez avec une femme et ensuite la jetteriez à la rue, ou vous essaieriez de vous apprivoiser. Ce qui serait pire."

"Et si je ne suis pas si sûr d'être construit ainsi ? Supposons que je sois prêt à faire le sacrifice, si vous l'appelez ainsi ?"

Le ton du docteur redevint neutre.

"Vous faites référence à un éventuel intérêt pour ma fille."

Le visage de Long rougit lentement sous le mot « possible ».

— Oui ! du moins, peut-être — je ne me l'ai jamais dit exactement — et pourquoi demandez-vous ?

"Puis-je demander jusqu'où est allé cet intérêt ?"

Le jeune homme se leva à moitié de sa chaise.

"Si tout cela avait *disparu* ," dit-il avec chaleur, "vous l'auriez su."

"Oui," le docteur fronça les sourcils, "ça va. Ne vous sentez pas dérangé. Si je ne vous considérais pas comme un gentleman dans un sens plus intense du terme que d'habitude, je ne devrais pas parler. à toi comme ça. Prends un cigare. Il y eut une autre longue pause. Le médecin débattit rapidement avec lui-même de la marche à suivre. Lorsqu'il a repris, il a utilisé son arme brutale.

« Vous devez savoir que ma fille n'aura que très peu de choses en cas de ma mort. » Cette fois, le jeune homme se leva entièrement de son siège. Le médecin sourit et lui fit signe de répondre. "Et rien jusqu'à ma mort, qui n'arrivera pas tant que vous serez un jeune homme. Le monde me considère comme bien fait, et je le suis, mais je suis lourdement imposé par la société. Je veux dire que j'ai de grandes exigences sur mes revenus, et à part certaines propriétés qui doivent être laissées en fiducie pour d'autres personnes et une modeste provision pour ma femme et mon enfant, il ne devrait pas y avoir grand-chose. Je vous dis tout cela, en partie parce que je vous aime, et en partie parce que je le pense. " Ce n'est que justice. Je ne pense pas que vous recherchiez l'argent. Mais vous devez réaliser maintenant que l'argent fera une grande différence dans votre carrière. "

Lorsque Long bougea précipitamment, le médecin sourit.

"Je ne dis pas que vous devriez chasser la fortune, mais vous devriez vous tenir à l'écart des jolies femmes sans fortune."

Cette fois, il a donné à Long l'occasion d'exprimer ses sentiments. Quand il eut fini, il recommença doucement.

"Ce que vous dites ressemble singulièrement à ce que j'ai dit moi-même il y a environ dix-neuf ans. Je pense que je vais vous raconter l'histoire", et il se mit froidement à lui raconter sa vie. Longtemps écouté avec respect. À la fin, il a déclaré: "Mais les cas ne sont pas exactement similaires."

"Il n'y a jamais deux cas humains, mais le thème est le même. Vous pourriez trouver un compromis différent ; ce serait un compromis."

"Vos difficultés étaient énormes ! Pourquoi ai-je besoin de planifier de tels malheurs ?"

" Vous voulez dire les affaires extérieures, l'argent ? Cela pourrait s'arranger bien sûr. Il resterait ma fille, sujet que je peux aborder avec précision. Elle est en assez bonne santé, et tant que je vivrai pour la soigner, elle continuera probablement à donc. Ses nerfs sont morbides, son égoïsme est excessif, son agitation est anormale. C'est une fille plutôt brillante, je pense, et pour moi une très chère. Mais sa carrière a besoin d'être guidée, sinon un succès décisif arrivera. "

"Tu n'as aucune confiance en moi ?"

"La plus grande. Ce n'est pas seulement son bien-être que je considère, mais le vôtre. D'ailleurs, si elle était normale ou ennuyeuse, pas une jeune Américaine exigeante, elle serait pourtant une femme. Et comme telle, ses intérêts doivent être opposés aux vôtres. pour toujours. Si vous l'épousiez, je serais obligé d'être d'accord avec elle et de m'opposer à vous partout où vous dépasseriez les conventions.

Soudain, Long se tourna vers son bourreau avec une question audacieuse.

"Votre mariage, vous ne le considéreriez pas comme un échec, même dans des conditions pires ?"

Le médecin grimaça devant ce coup qu'il jugeait légitime.

Il avait eu ses moments de doute même au plus fort de sa loyauté envers sa femme et son enfant lorsque cette question le tourmentait. Moments miasmatiques qui arrivent aussi aux hommes fermes et qui leur donnent le vertige à la pensée de la simple égarement de la vie. Avait-il été meilleur ou plus sage que Roper Ellwell ? Lorsque l'épreuve d'une passion vitale était arrivée , il avait agi comme n'importe quel autre jeune homme inconsidéré et sans but, comme n'importe qui avec un passé chaotique et sans volonté !

Mais cette tentation, il l'avait maîtrisée, comme il avait maîtrisé presque tous les éléments de son destin.

"On ne peut jamais répondre équitablement à ce genre de question. Personne ne dispose de données complètes. Non ! Je peux honnêtement dire *non* . Pourtant, cela a profondément modifié ma vie, je peux le dire."

"Alors pourquoi es-tu si pessimiste pour moi ?"

— Parce que, répondit lentement le docteur, un tel mariage comme le mien a été, un tel mariage comme le vôtre, est une carrière en soi. Au-delà de cela, *rien* ... comprenez, *rien* .

"L'amour est une belle carrière !"

"C'est vrai, mais il n'y a pratiquement aucun homme que j'ai jamais connu qui puisse l'embrasser, et cela seulement, pour toute une vie. Vous ne le pourriez pas, je pense, et vous seriez malheureux. C'est une carrière humble bien qu'elle soit riche. L'homme qui gagne ne consacre pas sa vie à une passion exigeante pour une femme névrosée. Vous êtes l'homme qui gagne : entrez.

Le docteur se leva.

" Maintenant, je dois vous laisser voir une malade qui attendait. Réfléchissez... vous ne l'aimez pas, pauvre enfant ; que savez-vous de l'amour ? Vous mettez de l'ordre dans votre esprit pour l'amour, et il viendra assez vite. ".

Longtemps regarda le sol de manière irresponsable. "Je suis heureux que nous ayons pu en discuter sans passion. Vous ne m'avez obligé à user d'aucune autorité grossière ni d'aucune influence autre que votre propre jugement sain. Nous avons été des hommes sans sentimentalité. Vous n'avez avoué rien d'autre qu'un penchant pour pour une jolie fille. Vous ne vous êtes engagé à rien.

Le médecin fit une pause, posant fermement ses mains sur la table entre elles. Il lut avec impatience le visage du jeune homme et il fut sûr d'avoir compris.

"Maintenant, allez-y," continua-t-il gentiment, "et bonne chance à vous ! Participez pour gagner !"

Il a tourné. Long se leva machinalement comme sur l'ordre d'un supérieur, ouvrit la porte et disparut dans le hall sombre. Le médecin écoutait le bruit de ses pas. Lorsqu'il entendit le bruit du sol sous la fenêtre du bureau, il soupira et sortit dans le couloir. Sa fille se tenait dans l'embrasure de la porte, à l'autre bout, comme si elle cherchait quelqu'un .

« Où est M. Long, papa ?

"Il est allé."

La voix du docteur s'attarda légèrement sur le dernier mot. La jeune fille lui lança un regard aigu, puis retourna dans le salon éclairé.

"Le dîner vous attend, Jarvis", a déclaré Mme Thornton depuis un salon dans la pièce. "Pourquoi n'avez-vous pas gardé M. Long ?"

Le médecin se dirigea vers sa femme et resta un moment à ses côtés. Elle sourit lors d'un nouvel interrogatoire ; le docteur se pencha et l'embrassa.

"Long ne voulait pas rester", répondit-il. Puis il retourna vers son patient.

www.ingramcontent.com/pod-product-compliance
Lightning Source LLC
LaVergne TN
LVHW041758190726
843493LV00008B/2689